大洋洲文化研究

(第一辑)

主　编：詹春娟

副主编：朱蕴轶

编　委：（按姓氏字母顺序排列）

　　　　陈德正（聊城大学）

　　　　陈　弘（华东师范大学）

　　　　王光林（上海外国语大学）

　　　　王腊宝（上海外国语大学）

　　　　汪诗明（华东师范大学）

　　　　詹春娟（安徽大学）

　　　　詹全旺（安徽大学）

　　　　朱蕴轶（安徽大学）

北京师范大学出版集团
BEIJING NORMAL UNIVERSITY PUBLISHING GROUP
安徽大学出版社

图书在版编目(CIP)数据

大洋洲文化研究. 第一辑 / 詹春娟主编. —合肥:安徽大学出版社,2022.3
ISBN 978-7-5664-2401-3

Ⅰ.①大… Ⅱ.①詹… Ⅲ.①文化—研究—大洋洲 Ⅳ.①G16
中国版本图书馆 CIP 数据核字(2022)第 009263 号

大洋洲文化研究(第一辑)
Dayangzhou Wenhua Yanjiu Diyiji

詹春娟　主编

出版发行：	北京师范大学出版集团 安 徽 大 学 出 版 社 (安徽省合肥市肥西路 3 号 邮编 230039) www.bnupg.com.cn www.ahupress.com.cn
印　　刷：	安徽昶颉包装印务有限责任公司
经　　销：	全国新华书店
开　　本：	170mm×240mm
印　　张：	12
字　　数：	188 千字
版　　次：	2022 年 3 月第 1 版
印　　次：	2022 年 3 月第 1 次印刷
定　　价：	36.00 元

ISBN 978-7-5664-2401-3

策划编辑：李　君　范文娟	装帧设计：李　军
责任编辑：范文娟	美术编辑：李　军
责任校对：汪　君	责任印制：陈　如　孟献辉

版权所有　侵权必究
反盗版、侵权举报电话：0551—65106311
外埠邮购电话：0551—65107716
本书如有印装质量问题,请与印制管理部联系调换。
印制管理部电话：0551—65106311

目 录

特 稿

弗洛伊德与卡斯特罗：从《双狼》看叙事的虚与实 …………… 王光林(1)

澳大利亚文化研究

另一种声音
　　——评澳大利亚当代女性戏剧创作 ………………………… 叶　宁(22)
论彼得·凯里《离家万里》中的地图书写 …………………… 段　超(36)
历史角落的声音
　　——新历史主义视域下解读《深入北方的小路》………… 司苏蕊(48)
移民后记忆视域下《祖先游戏》的创伤和认同研究 …… 赵　筱　詹春娟(60)
《浅滩》中柯布的生态伦理思想探究 ……………… 李小敏　朱蕴轶(73)

新西兰文化研究

《危险空间》的梦、空间与阴影 ……………………………… 俞莲年(84)
格雷斯小说《失目宝贝》中的非自然叙事策略 ……………… 张玉红(96)
《怀唐伊条约》的翻译"公案" ……………………………… 孔艳坤(109)

太平洋岛国文化研究

太平洋岛国与百越地区艺术中图腾文化的相似性 ……………… 张　彬（122）
《黑暗》中的本土化互文写作模式探析 ……………………… 周芳琳（141）
萨摩亚的三权鼎立：传统"Matai"、基督教与现代民主政体 …… 宋　艳（159）

综　述

改革开放40年澳大利亚文学在中国中小学生中的译介与传播 ……………
………………………………………………………………… 朱乐琴（168）

书　评

线圆之间，距离多远？
　　——再读弗拉纳根的《古尔德鱼书》 ……………………… 李若姗（181）

特 稿

弗洛伊德与卡斯特罗：
从《双狼》看叙事的虚与实

王光林[①]

布赖恩·卡斯特罗认为，文学的生命在于翻译，在于翻译主体的诠释，这不仅是指将一种语言翻译成另一种语言，而且是指将一种声音融入另一种声音，或者说多种声音之中。如果意识不到语言的多重能动性，意识不到它在想象文学之中所产生的异类感，那么文学的艺术性就无从谈起[②]。在翻译之中，翻译的主体在不断进行诠释。如果说语言影响着文化，决定着一个人的文化身份，那么不断进行翻译也是为了打破僵硬而单一的文化身份观，构建具有多重意识的多元文化身份。不可能既有多元文化和多元身份又没有翻译，有同必有异，有实必有虚，这是一种辩证的关系，认清这点可以帮助我们重新看待文学创作与文学翻译、翻译和诠释、虚与实之间的关联，看清文本背后的牵连。印裔英国作家拉什迪说过一句风趣的话，"文学移民有一种令人感到愉悦的自由：那就是有能力选择他的父母"[③]。在他的眼里，果戈理、卡夫卡、梅尔维尔等都是他的再生父母。他说的选择自由，或者说"异花授粉"（cross—pollination）现象在现代移民作家的创作中非常普遍。如奈保尔的《大河湾》(*A Bend in the River*)与康拉德的《黑暗的心》(*Heart of Darkness*)和《刚果日记》(*The Congo Diary*)，沃尔科特（Derek Walcott）的《默剧》(*Pantomime*)和库切的《福》(*Foe*)与笛福的《鲁宾逊漂流记》(*Robinson*

---

① 王光林，上海外国语大学英语语言文学教授。
② Brian Castro, "Making Oneself Foreign", *Meanjin* 64.4 (Dec. 2005), pp. 4~5.
③ Salman Rushdie, *Imaginary Homelands: Essays and Criticism 1981—1991*, London: Granta Books, 1991, pp. 20~21.

Crusoe)，里斯(Jean Rhys)的《藻海无边》(*Wide Sargasso Sea*)与勃朗特的《简•爱》(*Jane Eyre*)，彼得•凯里的《杰克•迈格斯》(*Jack Maggs*)与狄更斯的《远大前程》(*Great Expectations*)，周思(Nicholas Jose)的《红线》(*The Red Thread*)与沈复的《浮生六记》等，可以说这些作家就是在翻译或者说重新书写过去的经典。

对于卡斯特罗这位头戴多重身份的帽子、能讲几种语言的作家而言，翻译和诠释的重要意义不言自明。实际上，翻译和诠释可以说贯穿于卡斯特罗的整个创作。在他的第三部小说《双狼》(*Doubl Wolf*)中，我们看到的是卡斯特罗对翻译和诠释的一个全新认识。《双狼》是卡斯特罗作品中备受好评的一部小说，结构比较完整。尽管小说十分复杂，但它还是在一个设定好的轨道里运行，这个轨道就是弗洛伊德的案例"狼人的故事"。《双狼》翻译或者说改写了弗洛伊德的故事，叙述之中充满了人性，可读性很强，有时候还很风趣，作为一部虚构作品，它奠定了卡斯特罗的创作风格，体现了后现代小说的创作特点。

弗洛伊德与"狼人的故事"

弗洛伊德的狼人故事出现在其论文《幼儿神经症历史》(*From the History of an Infantile Neurosis*)中。在英译本的编辑说明中，编者认为"这是弗洛伊德案例中描述最详细，而且也最为重要的一个案例"[①]。编者此说原因有三：首先，狼人故事为弗洛伊德提供了其幼儿神经症理论的基础，即许多神经症出现在幼儿年代，说得具体一点，就是性的问题，弗洛伊德将此称为原始场景(Primal Scenes)或原始幻想(Primal Phantasies)。弗洛伊德的理论当时就受到了卡尔•荣格和阿尔弗雷德•阿德勒的挑战，他们认为将性的精神生活归咎于孩子令人反感。而弗洛伊德则认为狼人的故事证实了他的精神分析理论。其次，狼人案例使弗洛伊德第一次给精神分析治疗设定了

---

① Sigmund Freud, *The Standard Edition of the Complete Psychological Works of Sigmund Freud*, Vol. 17, Trans. James Strachey. London, Hogarth Press, 1955, p. 3.

特稿

时间表,这一点后来在《有限和无限分析》(Finite and Infinite Analysis)一文中得到了扩展。再次,狼人案例的细节使弗洛伊德深信,人类生来就是双性的,男性和女性的冲动是我们心理构成的一部分。

在这个案例中,问题的关键就是"原始场景",由此入手,病人的幼儿期心理症、阉割情结及肛门爱欲,都得到了合理的解释。不过,原始场景本身究竟是真实见闻还是退行幻想,这始终是一个需要存疑的地方。弗洛伊德指出,尽管存在上述悬而未决的疑虑,所谓原始场景的心理影响力始终是确凿无疑的,在心理症形成之初,那些来自童年的影响力就已经被感知到了,这些影响力决定着个体在现实生活中如何应对可能遇到的挫折。而狼人的案例正好给他提供了分析依据。狼人在自己的叙述中讲道:

我梦见一个夜晚,我正躺在自己的床上(我的床设在窗下,而窗外就是一排老胡桃树。我知道,梦里的时间是在冬夜)。突然间,窗户兀自打开了,吓了我一大跳,然后我就看见窗外的一棵老胡桃树上坐着一群白色的狼,大概有六七只。这些狼通体白色,它们看上去更像是狐狸或者牧羊犬,因为它们都有狐狸一样的大尾巴,而它们的耳朵也都竖着,那样子就像是正在专心看护什么东西的狗一样。这些狼明显要来把我吃掉,这让我非常害怕,于是我大叫着惊醒了。我的保姆赶忙来到我床边,查看发生了什么事情。过了好一

段时间我才相信那不过是一场梦,因为洞开的窗户和坐在树上的狼的样子是那么的清晰而且逼真。最后我好不容易冷静下来,感觉自己脱离了危险,于是重新睡了过去。……整个梦境都是静止的,唯有那扇窗的开启打破了这片宁静。狼群在树上一动不动地坐着,从左到右排开,全都直直地看着我,好像它们都把全副注意力集中在我的身上。我想这就是我的第一个焦虑的梦。当时我只有三岁或四岁,绝对不超过五岁。①

狼人说,这是他四岁生日前夕的一个梦,他四岁前种种与性有关的经历都浓缩在这个梦中,其中所隐藏的恐惧与诱惑,引爆了他童年时期的强迫性精神官能症,虽然十岁之后病症解除,但痊愈后却留下缺陷,从而在他十八岁罹患淋病之后再次爆发。

这堪称弗洛伊德精神分析中最重要的个案。狼人本名谢尔盖斯·潘克耶夫(Sergius Pankejeff),1886年出生在乌克兰第聂伯河畔一个富有的家庭,1979年终老于美国。他之所以被称为"狼人",是因为他在分析中忆起了一个有狼坐在胡桃树上的梦,还画出了梦中的景象。他在寻求弗洛伊德治疗之前,已在德国许多疗养院待过很久,并遍访名医,所得到的诊断结果却是治愈无望。1910年,他正值23岁,求诊于弗洛伊德,从而展开他与精神分析界的不解之缘,也让狼人案例为精神分析领域提供了许多值得一再深思的议题。通过精神分析,弗洛伊德发现病人在幼年曾陷入严重的心理紊乱状态。患者家族有精神疾病史,父亲是抑郁症患者,母亲对孩子缺乏照料,唯一的姐姐时常以竞争者的面貌出现。这些都为患者的幼儿神经症及后来的疾病埋下了伏笔。保姆和家庭教师等也成了患者幼年生活中的关键人物。患者四岁开始出现神经症的症状,先是恐惧症,然后是强迫症,其倾向性延续到成年,并且不时受到躯体症状的困扰。经过四年多的治疗,弗洛伊德终止了分析,认为患者已治愈,并随即写下了这个案例。第一次世界大战后案例得以发表,而患者则再次寻求分析,并于几年后又接受了弗洛伊德的学生的分析。

---

① 弗洛伊德:《狼人的故事》,李韵译,上海:上海社会科学院出版社,2007年,第242~243页。

这个案例牵涉面极广,复杂程度极高,虽然患病时的病人也和小汉斯一样处在四五岁阶段,但是因为在叙述时病人已经成年,多年的困扰和反思纠缠,让整个情况变得极其暧昧难明。在这里,我们由一个恐怖而真实的狼之梦开始,逐渐挖掘到病人的许多经历和心理。家族的精神病史、母亲的怅惘和她与孩子们的疏远、他对保姆的依恋、与姐姐的竞争和姐姐对他的引诱、黄条纹的燕尾蝶、对毛虫和甲虫的恐惧、性格的骤然转变,还有关于宗教的强迫性心理症,种种不明究竟的现象纷至沓来,千丝万缕,难觅头绪。在此,弗洛伊德显示了高超的分析技巧,面对扑面而来的各种难题,他的应对方法是"擒贼先擒王",他由那个关于狼的梦入手,拨开水面上的乱流,一头扎进病人心理的更深处,把握其记忆所不及的"史前史"中的问题关键:原始场景。

弗洛伊德通过与病人的交流讨论,拟构了这样一个"原始场景"(Primal Scene):病人在一岁半左右的时候曾经观察到父母的背侧性交,并把这个印象深埋在潜意识中。原始场景经过姐姐的引诱,再加上阉割威胁和对父爱的希求,最终让病人在心理上发展出同性恋式的受虐倾向。为了安抚他那反常的精神,其母把宗教引介给了他,她的目的达到了,但却又带来了新的问题:强迫性神经症接踵而至。

在这个交织着动物恐惧、焦虑、强迫、忧郁、妄想等症状及性别认同问题的案例中,弗洛伊德将重点放在解析那个引发他童年精神官能症的狼群之梦上,以及根据病人的回忆,重建出病人童年早期目睹父母做爱的原始场景。而分析在难辨真假的童年记忆中回旋往复,抽丝剥茧,紧紧扣住原始场景的种种可能,捕捉想象与真实之间的交错。在这个过程中,弗洛伊德的许多重要理论获得了佐证,而他缜密且无懈可击的条理,让这个案例分析充满侦探推理的趣味。

值得注意的是,弗洛伊德著作的英译本编者对这个案例的推崇。实际上,弗洛伊德展现案例时所表现出的文学技艺一直受到评论界的赞赏,而编者对狼人故事的推崇似乎有某种先见,卡斯特罗在《双狼》中就说弗洛伊德是在写小说。编者竭力赞赏"弗洛伊德处理案例所展现出的接触文学技艺……

结果是一部从一开始就吸引读者注意力的作品"[①]。现在看来,卡斯特罗认为,狼人的故事是进行重新书写的一个美好目标。

弗洛伊德的狼人故事及其对精神分析的启迪是读者难以回避的。在这个案例故事里,弗洛伊德承认故事里存在着容易引起争议的企图:他想着手扭转卡尔·荣格和阿尔弗雷德·阿德勒对精神分析结果重新进行扭曲的解释。弗洛伊德在好几种场合使用了"有争议的"和"扭曲的解释"。因此,弗洛伊德的创作并非具备完全中立的科学性。弗洛伊德还提到狼人愿意将自己的故事写进这份报告里。实际上,狼人想要弗洛伊德写得更多一点:"尽管病人提出了直接请求,但我并没有将他的完整病史写进去……因为我认为这样一份任务在技术上显得不切实际,社会上也不允许。"[②]从这里的叙述中我们可以看出,狼人喜欢成为众人瞩目的焦点,参与这个故事的创作中。

弗洛伊德提到了狼人所给予的合作。他对狼人故事长期成为分析目标感到吃惊。他想控制他的病人,但是反过来病人也想控制他。弗洛伊德提到在治疗的头几年里,治疗并没什么进展,而一旦治疗有了点进展,狼人就停止合作,为的是避免有什么改变。但是一旦弗洛伊德限定日期,利用他们之间的关系,狼人就会显示出戏剧性的改善局面——他的症状就会消失。弗洛伊德在总结观点的时候说道:"总的来说,其结果与我们先前的知识完全吻合,或者说已经很容易地给镶嵌了进去,这点令人满意。……读者……可以得到保证,我本人只是在汇报我碰到的一个独特经历,没有受到我的期待的影响。"[③]诸如此类的声明似乎在为弗洛伊德的分析的客观性提供佐证,但是亚伯拉罕和托洛克(Abraham and Torok)的研究表明,弗洛伊德的说法是值得怀疑的。狼人的母语不是弗洛伊德所说的俄语,而是英语。因此,分析者的任务不是将所谓母语的俄语翻译成弗洛伊德的德语,而是将英语翻译成俄

---

① Sigmund Freud, *The Standard Edition of the Complete Psychological Works of Sigmund Freud*, Vol. 17, p. 6.

② Sigmund Freud, *The Standard Edition of the Complete Psychological Works of Sigmund Freud*, Vol. 17, p. 8.

③ Sigmund Freud, *The Standard Edition of the Complete Psychological Works of Sigmund Freud*, Vol. 17, p. 12.

语,而后再翻译成德语,以便于他进行分析,这里就涉及翻译的忠实与否问题。而这种叙说过程中的不可靠性也为卡斯特罗从另外一个角度去重新书写案例、去质疑"写实"与"虚构"之间的分水岭提供了特许。弗洛伊德的分析并没有解析这个案例的复杂性,因为还有许多其他因素需要考虑,而且狼人也有许多其他问题。因此,卡斯特罗在《双狼》中质询的不是这个故事的基本素材,而是想从另一个不同的视角来看待叙说过程中的所谓真与伪的这对老问题。

病史、历史? 实与虚?

亚理斯(里士)多德说过,"诗人的职责不在于描述已发生的事,而在于描述可能发生的事,即按照可然律或必然律可能发生的事。历史学家与诗人的差别不在于一用散文,一用'韵文';希罗多德的著作可以改写为'韵文',但仍是一种历史,有没有韵律都是一样;两者的差别在于一叙述已发生的事,一描述可能发生的事。因此,写诗这种活动比写历史更富于哲学意味,更被严肃地对待;因为诗所描述的事带有普遍性,历史则叙述个别的事"[①]。亚理斯(里士)多德的定义成为西方区分历史与文学、真实与虚构的标准。诗歌合乎可然律或必然律,具有普遍性,因而可信,而历史不合乎可然律,反而变得不可信。

卡斯特罗的创作似乎对应了这种讨论。与大多数作家不同,他这次选择的不是虚构作品,而是弗洛伊德的病史案例(case history),从科学的角度来说,病史也是历史,应该具有严谨性和客观性,但是在卡斯特罗的创作中,他颠覆了人们的一般认知,塑造了两个互为对应的人物:叙述者亚瑟·卡塔库姆和病人谢尔盖·魏斯比(Sergei Wespe)。两个人的名字延续了卡斯特罗一贯的游戏作风,阿特·卡塔科姆(Art Catacomb)翻译成中文就是"地下的、迷宫似的艺术",也就是说,他的艺术就是讲述迷宫般的晦涩故事,而且在小

[①] 亚理斯(里士)多德、贺拉斯:《诗学·诗艺》,罗念生、杨周翰译,北京:人民文学出版社,1982年,第28~29页。

说中,作者的叙述给人的感觉是他"看起来很像弗洛伊德"①,就是胡子短了些。Wespe 象征着"黄蜂",而在叙述过程中又因为发音的关系给指成了 espe(角蜂,一种毒蛇),进而使人联想到了格鲁莎,一位威胁阉割他的人②。作品将弗洛伊德主义描绘成一个假象,目的就是向人们表明,所谓弗洛伊德理论不过是文学创作而已,换句话说,就是故事"被灌输到了理论中"③。两位叙述者一个写实,一个虚构,不仅彼此交织,而且在过去与现在、各种场所、实际与想象之间相互重叠。另外,由于语态的不断变化,第一人称与第三人称的交替,叙述的语句因而变得更加复杂。一个不确定的叙述者偶尔也会闯进故事里,故事中几乎所有的行动都来自这些叙述者。

如何界定《双狼》的界限?《双狼》中的一个关键问题还是语言构成。卡斯特罗认为,小说与写实之间的区别就在于小说具备含混特征,这种含混赋予了作家特有的洞察力。尽管卡斯特罗没有明确说弗洛伊德是错的,但是他对所谓真理显然还是持保留态度。"卡斯特罗坚称《双狼》不仅仅是对弗洛伊德的批判,相反,它让卡斯特罗有机会表达一种更加深远的焦虑,即观点单一、随意假设和任意曲解。'弗洛伊德有某种风格',他说,'而且有可能有雄心书写富含创造性的案例,所以我将他的病史看作叙述。但是与此同时,我想他也确实在进行随意的阐释,让这些事情去验证自己的理论'"④。弗洛伊德对这一病例的分析构成了他精神分析的基础,而且对奠定自己的地位,反对卡尔·荣格的理论阵营起了重要作用。人们对这一病例的兴趣日渐浓厚,原因就在于狼人依然活着(弗洛伊德自己死于 1939 年),而且开始出版自己的自传描述。这些材料收集在穆里尔·加德纳(Muriel Gardiner)1971 年出版的书《狼人讲的狼人故事》(*The Wolf—Man by The Wolf—Man*)中,里面包括 1957 年至 1970 年间写就的《狼人的回忆》(*Memoirs of The Wolf Man*)。一位名叫卡林·奥伯霍泽(Karin Obholzer)的记者通过一系列的照片来追踪他,并通过照片背后的印痕找到了摄影师,然后设法找到了狼人的

---

① Brian Castro, *Double—Wolf*. Sydney: Allen & Unwin, 1991, p. 70.
② 弗洛伊德:《狼人的故事》,李韵译,上海:上海社会科学出版社,2007 年,第 310 页。
③ Brian Castro, *Double—Wolf*, p. 29.
④ Peter Fuller, "Freud's Wolf", *Sydney Morning Herald*, 6 July, 1991, p. 41.

住址，对他进行了采访。读到那篇采访稿后，卡斯特罗突然意识到，因为狼人一直怀有一种抱负，就是做一名作家，所以他对自己经历的叙述本身就可能是一种虚构。这使得卡斯特罗进行了反思，认为狼人在跟弗洛伊德进行精神分析治疗时或许就是一直在虚构自己。也许他是一位作家，需要每次到弗洛伊德那儿去重新书写或重新塑造自己。

《双狼》的开始是一个左括号，括号直到小说结尾才合上，这样做的用意就是要让读者明白，狼人的故事就是一个圆括号，在这里面，人们可以进行点评、精雕细琢、添加旁白，等等。括号贯穿《双狼》故事，引发多重联想。魏斯比在解释括号的时候就说道，括号取代了他说不出口的那个单词，因为在俄语里，Tieret 的意思是"摩擦"，隐含的意思就是"手淫"①。而且括号再现了无法再现的东西、某些引发其他联想的东西，比如屁股。"我一直在想，一半加一半永远也构不成一个完整的东西，因为在这中间永远存在着一个空隙，……这中间的空隙就是由一对括号()来加以再现。一对屁股。连在一起的屁股释放了无限的旁白。如果你能穿透旁白，那么你就能发现真理的省略符号，就是空……我还没有发现如何去吞噬真理，生活在其空白之中……跟别人一样去胡扯一番"②。括号因此成了在场、缺场，象征和想象等的争斗场所。

小说首句意味深长："一场似雾的雨正在下着。"根据叙述者阿特·卡塔科姆的说法，这也是魏斯比系列书籍中的首句。因为阿特·卡塔科姆是一个不太可信的叙述者，而魏斯比又是一位编造出来的"狼人"，所以读者也可以推测首句并非来自别人，而是来自卡斯特罗自己。也就是说，作品的开头就开始了卡斯特罗的虚构。同时，这一开头也为小说中各个成分之间的彼此相连埋下了伏笔。在谈及叙述风格时，卡斯特罗承认他从不阅读充满了权威语调的全知叙述。他喜欢的是澳大利亚作家帕特里克·怀特的风格，因为怀特从不以第三人称的语调去告诉你小说中的故事将如何进展。吸引读者的是小说中的人物心理和人物语调。在《双狼》里，读者恐怕很难对人物产生同

---

① Brian Castro, *Double-Wolf*, pp. 197~198.
② Brian Castro, *Double-Wolf*, p. 65.

情,因为这些人物充满了反讽意味。

小说的章节根据卡塔科姆和魏斯比的叙述来进行分割,每一章大致都有个时间节点。第一章描述的是冬天的 Katooma,充满了沉思和抒情语调,渐渐地,这个语调和某个首次露面、以第二人称讲述的人融合在了一起。"如果你现在静静地站着……"这个似乎不具人称的叙述和第三人称叙述"如果一个人站着"等同了起来,而接下来的叙述使得第二人称成为主导语调:"许多年前,你站得离这儿不远……"这时久未显露身份的阿特·卡塔科姆的声音开始浮现出来,正如他所描述的背景从迷雾之中浮现出来一样。这一章的结尾引进了谢尔盖的故事,而这个故事关注的是"背叛",还有卡斯特罗标志性的神秘断句:"落在了你的头上。"

第二章的开始也是一个没有人称标识的叙述者的叙述,他对魏斯比和他的环境十分熟悉。他描述魏斯比"站在那儿,就像一座罗丹雕刻的巴尔扎克塑像。一个病愈后十分受人欢迎的作者",从而将作家与写作联系在了一起。紧随而来的是魏斯比的声明,"所有的作家都是下流胚"[①],还有他对读者的建议,"让他们收回自己的话吧"。很明显,小说中此处描述的这个人精神上不太稳定,不断在过去漂浮。突然之间,小说又转向了第一人称叙述者魏斯比身上,于是我们意识到介绍这章故事的第三人称叙述者就是魏斯比本人,而非他人。魏斯比叙述的故事十分混乱,而且他对自己已经去世 33 年的妻子特蕾莎感到困惑。他还将自己的家庭比作《卡拉马佐夫兄弟》中的家庭,认为他的故事是从《卡拉马佐夫兄弟》里面脱胎而来,暗示我们听到的故事有点俄罗斯心理剧的味道。

卡斯特罗提供的诱人的线索不少,但是却没有合乎逻辑的阐释,以便让读者去进行合理的解读,因此读者读来会感到十分困惑。到了第三章,情形有所改变,卡塔科姆露面,开始叙述他关注的事情。他以第二人称的视角进行叙述,维持着一种若即若离的非现实感,观察自我,与自我进行对话,而让读者成为静静的旁观者。这一章提到了英国作家詹姆斯·乔伊斯,并且第一次提及双重替身(卡塔科姆研究着他在窗户里显现的另一个自我),狼的主题

---

① Brian Castro, *Double-Wolf*, p. 5.

(嚎叫),还有性、智力游戏和弗洛伊德的精神分析理论等。弗洛伊德非常喜欢玩文字游戏,尤其是他对法国思想家笛卡尔的名言"我思故我在"(Cogito ergo sum)的戏仿。在《双狼》里,卡斯特罗(或者说魏斯比)将此名言戏仿成 Corgi a tergo zum[①],谐音狼人被从背后性交(coitus a tergo)所困扰。之后的一章名义上是以第三人称叙述,但是魏斯比显然想表明他实际上就是前文中的叙述者。从这里开始,小说的叙述就在魏斯比和卡塔科姆之间交替进行,没有中立的观察,一切都充满了偏见,一切都充满了价值。

魏斯比的叙述基本上延续着弗洛伊德的故事,回忆截至1914年前发生的事件。但是卡斯特罗不时地让魏斯比提供不同于弗洛伊德的解读。他还不时地插入加德纳和奥布豪泽等人的解析。魏斯比的章节经常出现一些引经据典、充满诗意的沉思片段和推测性的想象。卡斯特罗暗示,原本十分复杂的一个信息,到了弗洛伊德那儿却变成了十分具有局限性的解读,换句话说,有点强求一致的感觉。魏斯比常常偏离思路,进入幻想之中,然后提供十分丰富、具有多重解读的智力生活,需要读者将事实与幻想区分开来。

魏斯比的许多叙述都集中在1972年的维也纳,当时他85岁。他(也就是狼人)写下了许多回忆材料(后由加德纳收集,于1971年出版),出场时正在关于他的过去,并在阿特·卡塔科姆的激励下重新写下了他的回忆。读者应该记住的是,魏斯比现在已经是一位老人了,脑子开始有点失去了其清晰性和连贯性,因而其回忆未必都很可靠。跟魏斯比有关的其他章节也都有其历史渊源,记载了他在俄罗斯的历史和他与弗洛伊德的交往。

不断交叉在这一叙述里的是阿特·卡塔科姆关于他跟这个病例的联系的回忆。这个叙述当然是虚构的,就像他叙述中的人物以赛玛利·利伯曼和柳德米拉·维特根斯坦一样。卡塔科姆叙述的故事不仅自身存在疑点,正如他自认是一个江湖骗子,学位也是伪造的,而且和卡塔科姆的日记内容相互冲突。这些日记据说是由柳德米拉·维特根斯坦编辑的,采用的文体充满了戏仿意味,使人想起了卡斯特罗的小说《波莫罗伊》(*Pomeroy*)里流行的俏皮话似的侦探式戏仿。所以说,卡塔科姆的叙述是不太可信的,魏斯比讲述的

---

① Brian Castro, *Double—Wolf*, p. 15.

一切都来自一个公认的"狂人"的大脑。到了小说的后半部分,魏斯比和卡塔科姆的叙述开始相互调和,而卡斯特罗也从日记转向推测性的重新构建。

在卡斯特罗看来,魏斯比在有意识地"书写"他的生活,他不是在"编造他的生活",而是将他的生活纳入可辨别的范式里,将它们合于一处,构成叙述的整体。阅读奥布豪泽和加德纳对他的生活的描述可以清楚地看到,弗洛伊德的狼人叙述和其他各种有关狼人生活的叙述之间还存在着解析的差异。如果说还有什么区别的话,那就是狼人是一个卓越的表演家,博学而文雅,一直是那么有礼貌,愿意配合任何想向他提问的人。

卡塔科姆提请人们注意魏斯比的写作能力。在"日常生活"一章里,"狼人不小心塞进一个重要事实,这就是他写下的看上去已经公开的秘密"[1]。除了他的写作能力之外,狼人还对自己的智力、对文学和艺术的鉴赏力感到十分骄傲。在小说的开始部分,魏斯比就暗示他的生活就是一个由谎言拼贴而成的作品。在一名医生"像对待一个小孩"一样给他看病之后,他说:"像一个孩子一样,我得重新面对这些谎言。所有的谎言。我生活的虚构。"[2]问题的焦点不是他在撒谎,而是在于生活就是由欺骗构成的。

实际上,使魏斯比产生多重选择可能性的正是弗洛伊德。"是弗洛伊德首先告诉我,先有戏仿,然后才有范例,先有游戏,然后才有原则"[3]。卡斯特罗的这一陈述表明,生活是无序的,按照卡斯特罗的说法,首先必须体验,或经历生活,然后才能从中悟出道理。弗洛伊德认为,你得有一个双重替身,一个分裂的人格,一方面可以无拘无束、自由自在地去体验生活;另一方面则可以产生一种理性的东西,使生活符合理论(神话)。或者你也可以和另一个人合作,让他扮演一个配角,而你则可以自由思想。在《双狼》里,卡斯特罗笔下的弗洛伊德表述道,"人们忘了生活就是一种游戏。游戏是思想的基本"[4]。然后他进一步表述道,"能够明理的永远是病人"。如果沿着这个思路,那么我们可以说,魏斯比就是那个持续为自己编造生活故事的人,而弗洛伊德的

---

[1] Brian Castro, *Double-Wolf*, p. 19.
[2] Brian Castro, *Double-Wolf*, p. 15.
[3] Brian Castro, *Double-Wolf*, pp. 23~24.
[4] Brian Castro, *Double-Wolf*, p. 24.

故事则更具巴赫金意义上的狂欢性。

魏斯比的祖父德米特里也提出了双重替身和逾越主题。儿子结婚之前他一直很穷,在明斯克做裁缝,将衬里外翻,让穿衣人里衣外穿。他将这种隐喻应用到人们身上。"有一天,德米特里对我姐姐安娜和我说道,'倘若我们能够将我们的身心从里翻到外……那样的话……我们可能在外成为圣人,在内成为狼,这样不断更新自我'"①。

德米特里就是一个善讲故事的人。他给魏斯比讲述失去尾巴的狼的故事,而这一故事后被融进魏斯比有关狼的梦中。魏斯比说道:"现在,当我回顾这件事的时候,我明白他并不想真的告诉我这个故事,因为尽管这可能是个古老的故事,但是他也在编造这个故事,使自己成为这个故事中的主要人物。故事给予他生活。如果他讲述得太慢,那么他就会在其中失去自我。如果他一下子将故事讲出,那么他就再也无法生存。"②这一观察对魏斯比具有重要意义。魏斯比说:"我感受到了一种失落。许多年后,我告诉弗洛伊德,每一个故事结束后,我一定感受到了自我的失落。我的童年充满了虚构。"③在这里,卡斯特罗通过英语里"尾巴"(tail)和"故事"(tale)的谐音来表现这种失落,但是弗洛伊德在其病例中注意到,狼人似乎在推延他的分析,喜欢消磨他在神经官能症下的生活。

卡斯特罗认为,魏斯比是一边进行分析,一边将这些材料记下来。当他将这些材料呈现给弗洛伊德时,弗洛伊德对此不以为意。"'我很愿意阅读你所书写的一切',他说,但对其意义却不以为意。……弗洛伊德从来没有对我的写作表现出过欣赏。至少他没有亲自对我表述过。我知道在他的演讲和论文中,他不止一次使用了'十分有趣'和'充满了想象'这些形容词。为了取悦他,我得越来越淫秽。但是弗洛伊德对手稿从没表现出过狂喜。他收下了所有这些手稿"④。这段话有两种含义。第一,弗洛伊德在"偷窃"魏斯比的生活,无论是实际占有还是接管或挪用魏斯比的生活和叙述;第二,魏斯比觉

---

① Brian Castro, *Double-Wolf*, pp. 26～27.
② Brian Castro, *Double-Wolf*, p. 27.
③ Brian Castro, *Double-Wolf*, p. 29.
④ Brian Castro, *Double-Wolf*, p. 34.

得只有他变得更加可怕才能保持弗洛伊德的兴趣,也就是说,将他的生活点缀一下,使其变成"一个好故事"。也正是由于这些原因,有一些精神分析学家批评卡斯特罗的小说,声称这种叙述使弗洛伊德变成了一个江湖骗子,偷窃他病人的作品。这其实也是混淆了虚构与写实之间的关系。

弗洛伊德指控魏斯比逾越了创作(author),也就是权威性(authority)的界限。

> 当弗洛伊德阅读原始的全本手稿时,他暴跳如雷。……
>
> "你有什么权威",他吼道,"可以随意曲解这一信息"?
>
> ……我目瞪口呆。他相信色情作品中的那些东西能够被解读成"真理"吗?……他是不是想说性比叙述、比病人对这些场景的解读具有更加牢固的基础?我怀疑这点使他非常生气。这毋宁说我,他的一个病人,写的是:狗屁。他说的就是这个意思。
>
> "你所做的一切就是使事情变得复杂"。他的情绪现在变得稍稍平息了一点。……
>
> "你知道",他笑道,慢慢回到自己的办公桌前,将我的手稿放到桌上。……"精神分析写作的最大愿望就是验证。我们不能超前去编造那些侵犯得体性的虚构故事"①。

这几段话点出了好几个问题,既涉及作者的身份,也涉及对神话创作过程的控制,还有写实与虚构之间的区别。既可以将弗洛伊德视作科学真理的诚实追求者,也可以将他视作一名充满嫉妒情绪的创造者和神话之门的守卫者。直到今天,知识界都无法确定他的遗产里有多少体现出诚实的一面,有多少体现出嫉妒的一面。

在叙述了魏斯比和弗洛伊德之间的关系之后,卡斯特罗开始编织起卡塔科姆的故事。阿特·卡塔科姆是一位假冒的精神分析学家,受雇于"美国保护弗洛伊德协会"以阻止魏斯比发表自己的作品,因为他在毁坏弗洛伊德精神分析的名声。起先卡塔科姆试图告诫魏斯比远离这一领域。

---

① Brian Castro, *Double—Wolf*, p. 41.

"在这位大师为你所做的一切之后,你那些疯狂的陈述对你的名声没有任何用处"。他过去常说……他动不动就指责我拿弗洛伊德开玩笑。……

"你想让我干吗"?我问,"说谎?编造故事"?

"毫无疑问",阿蒂说,"弗洛伊德掩盖了他的痕迹,目的是取悦他的评论者。他并不想显露他的权威性。他是一个讲文明的人"。

阿蒂指的是弗洛伊德对什么是原始,事实还是虚构所抱有的模棱两可的态度。①

卡斯特罗然后开始了戏仿,与以赛玛利·利伯曼为首的精神分析小组就职业名誉展开了斗争。卡塔科姆拼命讨好魏斯比,结果没有奏效,于是他又诱使魏斯比同意让其为他的回忆捉刀。但是魏斯比知道他得重新挪用他的生平,从书写的人生背后走出来。"就卡塔科姆而言,我与弗洛伊德对话的时候,他还没有出生呢。现在他谈论起我来仿佛他对我了如指掌……他所知道的一切都是从杂志和书籍上看来的。但是合理的推理当然应该是这样,那就是为了阻止自己成为被观察者,成为主体,成为病人,我只能走出来,去篡夺故事的权威性,使自己成为长期被占领域的合法主人,去重新挪用这一区域"②。

魏斯比觉得自己的周围都是神话,一直在关注着他。"那是因为我是一个经典,他们写我的书和文章。他们派来屁股诱人的美女记者采访我……他们送我兰花,但是他们忘恩负义。没有人承认这样一个事实,那就是如果没有我,弗洛伊德永远也无法获得他今天得到的名声"③。魏斯比哀叹道,"我只是以一个假名存在,但是他们都来看我。是的,我是一个怪诞展览,成为一个伟人成名的通道"④。卡塔科姆曾经劝他随波逐流,"你唯一的希望就是变狼狂……变成你过去的称谓"⑤。但是魏斯比不知道自己应该身披哪件外

---

① Brian Castro, *Double-Wolf*, p. 70.
② Brian Castro, *Double-Wolf*, p. 72.
③ Brian Castro, *Double-Wolf*, pp. 71~72.
④ Brian Castro, *Double-Wolf*, p. 84.
⑤ Brian Castro, *Double-Wolf*, p. 109.

衣。令人好奇的是,卡塔科姆对弗洛伊德进行了同样的观察。他在生命快要结束的时候认为弗洛伊德已经成为他作品的主体,包含在他自己的神话之中。

卡斯特罗不断加入戏仿成分。卡塔科姆受命去杀魏斯比,但是小说发展到这个阶段,卡塔科姆也已成为一名戏仿式的人物,因此,卡塔科姆拿着枪、手榴弹、炸药等武器到处搜寻的时候,其本身就充满了闹剧色彩。这一喜剧片段有其自身的娱乐效果,但是也为周围严肃的场景提供了一个荒诞的衬托,从各个方面对所谓权威和写实进行了颠覆。

《双狼》、精神分析与澳大利亚

《双狼》的创作不是一般意义上对于弗洛伊德主义的重构,而是借弗洛伊德来反思精神分析和写实与虚构、原创与戏仿及其在澳大利亚的命运。

精神分析理论与文学文本之间既相互渗透又相互替代;既然分析师的位置不是在文本之外,而是在文本之内,那么文学和精神分析之间的界限就难以彻底切割:精神分析可以是文学内部的,就像文学也可以是精神分析内部的一样。但是在澳大利亚,文学被排除在精神分析之外。为什么精神分析学在欧洲比在澳大利亚发展得更好?自然是因为精神分析以欧洲为中心,其理论在逻辑上很容易得到欧洲出版界的支持。[①] 就弗洛伊德主义而言,欧洲等同于原创,而澳大利亚只能满足于复制和仿制。

澳大利亚研究文学与精神分析的作品主要有:泽维尔·庞斯(Xavier Pons)的《走出伊甸园》(*Out of Eden*),其副标题就是《亨利·劳森的生活与作品:一个精神分析视角》(1984),大卫·塔西(David Tacey)的《帕特里克·怀特:小说与无意识》(1988);凯文·布罗菲(Kevin Brophy)的《创造性:精神分析、超现实主义和创造性写作》(1998);詹妮弗·卢瑟福(Jennifer Rutherford)的《笨拙的闯入者:弗洛伊德、拉康和澳大利亚白人幻想》

---

① Jean-François Vernay, "Freudianism in Dire Straits: The Representation of Psychoanalysis in Contemporary Australia", *Journal of the Australasian Universities Language and Literature Association*, 2009, p.83.

(2000),作者选择性地分析了澳大利亚的殖民文学、20世纪早期的小说和一些当代作品如乔治·约翰斯顿的《吾兄杰克》、蒂姆·温顿的《骑手》、大卫·马卢夫的《约翰诺》、帕特里克·怀特的《战车里的骑手》等。

在精神分析学者看来,小说和精神分析很容易彼此消化,因为都离不开故事史。在小说领域,讲故事很大程度上是靠幻想或虚构的,尽管有些叙述可能有其历史或现实基础;而在精神分析中,讲故事在很大程度上需要依赖于事实,因为这是病史,需要医学上的科学依据。而卡斯特罗的《双狼》无疑是澳大利亚最能体现弗洛伊德主义的虚构作品,无论是在形式上还是在内容上,它都从内部动摇了精神分析的基础。在这个充满了强迫性神经症的后现代故事中,卡斯特罗推测,弗洛伊德的狼人病史犹如伪经,因而无效。根据《双狼》作者的说法,狼人的故事"……并不是每个人的。它仍然是一个旁白,还属于弗洛伊德,这个病例是为了用来支撑一个理论。一个俄罗斯贵族,神经质,十分沉醉于自我,很显然,历史事件对他没有影响,他半辈子住在疗养院,成了弗洛伊德的病人。正是弗洛伊德所写的故事才使他成为最著名的病例,一篇后来成为三大精神分析基石的文章:幼儿性欲,梦的解释,阉割情结。如果没有弗洛伊德,狼人的故事就永远不会有人讲述:这是一个男人的故事,这个男人偏爱鸡奸,专注自我,因为大多数鸡奸者也是被鸡奸者,发送者和接受者在博爱和空虚中彼此交融"[①]。

这段引文展现了卡斯特罗切分音似的风格,它十分微妙地谴责了精神分析。照引文所说,没有弗洛伊德就没有理论,因为他发明了理论。在读者的理解中弗洛伊德提出了一些新的东西,但卡斯特罗却推测谢尔盖·魏斯比本身就是弗洛伊德充满想象力的虚构,是一个优秀叙事的良好素材。这个虚构出来的魏斯比编造了他的病历,然后写出他的精神分析杂烩,以化名出版。卡斯特罗对这种幻想场景的挑战深深地影响了大卫·塔西,他认为"卡斯特罗对精神分析有怨恨,小说中的一些幽默也来自大众对弗洛伊德主义的偏见"[②]。在作品的巧妙设计中,弗洛伊德成了"一个克制的骗子,知道他在虚

---

① Brian Castro, *Double—Wolf*, p.18.
② David Tacey, "Freud, Fiction, and the Australian Mind", *Island*, No. 49 (Summer), 1991, p.10.

构和欺骗,但又想保持真理的外表,使其作品可以充当科学"①。在作品的构思中,谢尔盖·魏斯比批评精神分析学家亚瑟·卡塔库姆(Arthur Catacomb)没有第一手病史,主要依赖二手资料来研究他,从而拐弯抹角地对弗洛伊德主义进行了批评。卡斯特罗甚至通过词语的搭配或双关来让读者产生自由联想,颠覆精神分析的文化。例如谢尔盖·魏斯比说道:"我不相信这个弗洛伊德……意味着快乐或欢爽。我看他一点也不高兴。他要怎么治好我的抑郁? 他是文明的,但却不满。"②这话含沙射影地指向了弗洛伊德的作品《文明及其不满》(1929)。作品中还有很多性的暗示,也是含沙射影地批评精神分析充其量就是性生活:"这是一个被许多人认为打开了性之门的男人。你现在戴着橡胶手套阅读弗洛伊德。"③

在给《双狼》(*Double Wolf*)写的书评中,大卫·塔西(David Tacey)解释了这种"急于诋毁弗洛伊德"的现象,在对弗洛伊德理论普遍不信任的众多因素中,他提到了偏见、过于简单化、错误信息、近乎疯狂的分析、对理论的怀疑和……心理恐惧症。……即对心灵的恐惧和对无意识的恐惧。在澳大利亚,"内向""内省""反省",以及任何与心灵有关的东西都会被看作一种耻辱。从文化上讲,澳大利亚人接受的教育就是要向外看,而不是向内看,自我反省就是违反了一系列让人心情愉快和活跃的社会禁忌④。

弗洛伊德主义之所以在澳新地区缺乏吸引力,就是因为精神分析和澳大利亚人的精神相距太远。精神分析骨子里是个资产阶级概念,关注的是资产阶级文化中的个体心理,而澳大利亚的社会文化关注的是伙伴关系和相互平等,拒斥等级差别,如人们在总结澳大利亚文化特征时经常会说起的"高罂粟综合征"。在学者看来,"澳大利亚常常被构建成一个充满欢乐和机遇的国度:其象征性符号就是'海滩'——和没有反省的享乐主义同义——上面生活着重视独立和个人主义、否定情感和自我表达、一心只关注眼前的物质问题

---

① David Tacey, "Freud, Fiction, and the Australian Mind", p. 10.
② Brian Castro, *Double-Wolf*, p. 127.
③ Brian Castro, *Double-Wolf*, p. 141.
④ David Tacey, "Freud, Fiction, and the Australian Mind", p. 12.

的澳大利亚男性"①。

如果澳大利亚是一个追求享乐主义的国家,那么它能说清其对弗洛伊德主义的偏见、误解、困惑、恐惧、嘲弄和不信任吗?还是因为澳大利亚存在着某种文化制约机制,澳大利亚人产生了一种心理防御机制,无法展开内省、自我检查、自我分析和自我探索的过程?

《双狼》和《波莫罗伊》的创作时间相差无几,而且和后者的风格也有点相似,只不过戏仿的意味没有后者那么明显。卡斯特罗创作这部小说一定酝酿了很长时间,因为精神分析一直是他关注的一个话题。早在《候鸟》中,他就对精神分析进行了嘲讽,他通过医生 X 和 Z 之口,说明精神分析在诊断希默斯身体状况时的无效性,而在《波莫罗伊》里,他也对精神分析进行了贬低。但是真正动笔却是在 10 年之后,他花了两年半的时间进行研究。在狼人的叙述中,卡斯特罗意识到这个人既在表白自己,又在掩盖自己。他在进行自我叙述的过程中留下了很多空白,需要人们去重新填写。

《双狼》探索的是弗洛伊德的精神世界,笔触充满了难得一见的活力、神韵和同情。从那个充满雪茄味的狭小的诊室里,小说慢慢展开,覆盖了从革命前的俄罗斯到 20 世纪 70 年代卡塔科巴的破旧公寓,勾勒出这个世纪的那段历史。小说的结构几乎无懈可击。小说叙述了很多非常重要而且令人感到十分烦扰的事情,触及了我们的文化特性及其根源。它揭示出我们的语言、我们的意识和形成我们日常生活的神话是如何镶嵌在一个遥远的世界里。卡斯特罗拥有重新塑造这个世界的神奇能力。但是他总是从我们自己的视角来审视这个世界,这就是人们大力提倡的多元文化主义,这也是卡斯特罗得心应手的世界。《双狼》使这个世界也成了我们的世界。

可以说,《双狼》不是一般意义上对于狼人故事的翻译或改写,也不仅仅是为了质疑弗洛伊德的精神分析神话,给它提供一个替代性的解析,而是想表明,对历史存在无限多的解读之法,就像博尔赫斯的小说《分岔小径中的花园》所暗示的一样。历史,或者说生活每到一个节骨眼都会出现岔口,正如卡

---

① Damousi, Joy, *Freud in the antipodes: a cultural history of psychoanalysis in Australia*, Sydney NSW: University of New South Wales, 2005, p. 3.

斯特罗在小说正文前引用的罗伯特·库弗(Robert Coover)的话,"只有在自我主义者和独断论者的眼里(也许他们是同一个人,尽管我将他们看作我的两个不同的朋友),才会只存在一种历史。……我们都心存一种疑惑,那就是有多少人,就有多少历史,或许还要多一些"。

从表面上来看,《双狼》是一部敢于向20世纪的神话缔造者弗洛伊德进行挑战的书,但是它也是一部十分严肃的书,读者应该明白,卡斯特罗的小说一向充满了游戏性:游戏语言,游戏情节。当然,读者忍不住要找出卡斯特罗小说中诸多细节的潜在含义,但是有时候,读者也不能过分当真,忽视了欣赏作品本身。卡斯特罗深信,尽管作品里运用了玩笑、双关和遮眼等分心的手段,但是任何一个严肃的话题都会在作品里得到体现。事实上,卡斯特罗还借弗洛伊德之口提出,游戏先于原则,暗示着我们先游戏于这个世界,然后再去了解这个世界。"我在《双狼》中所要做的不仅仅是去戏剧性地再现另一个弗洛伊德的故事,而是增加,去补充这个狼人案例中所展现出的理论问题……我感兴趣的是故事中的旁白,如果怎么样那会怎么样的问题,还有记载中的理论之外的推测"。他笑着说道,"嘲弄弗洛伊德真是有趣,因为大家都那么认真地看待他,而他本人则从未如此"[1]。不过,弗洛伊德神话在西方思想中占据着重要地位,如果要想真正读懂《双狼》,还是得先了解一下弗洛伊德的狼人案例。在《双狼》这篇小说里,卡斯特罗不仅借用了弗洛伊德《幼儿神经官能症》里记载的案例,而且借用了加德纳(Gardiner)、奥布豪泽(Obholzer)和其他人的阐释和研究,甚至还有家庭成员和朋友的名字、家庭居住的环境,等等。

卡斯特罗还赋予了狼诸多象征意义,让其扮演着多重角色。除了本我,狼还象征着野性、知识想象力,与理性形成对比。此外,双重替身的象征隐喻也在作品中时有体现。这是精神分析学家,也是少数族裔作家挥之不去的一个主题。在小说中,卡斯特罗提到了doppelgänger,这个词源自德语,意为"幽灵""一双",尤指"缠住肉身不放的附于活人的幽灵",这个词在他的第一部小说《候鸟》中也曾出现过,可见这是一直萦绕在卡斯特罗心中的一个问

---

[1] O'Loghlin, Libby, "Talking to Writers", *Redoubt*, No. 21, 1995, p. 113.

题。在《双狼》里,他将魏斯比与他的文学经纪人潘克耶夫(Pankeiev)联系在一起,这是双重替身的一次显现,但是就小说本身而言,双重替身现象十分普遍。如魏斯比是狼人的双重替身,魏斯比与他失散的姐姐安娜的联系,以及生活与艺术、写实与虚构、作家与读者、形式与内容等双重联系。

澳大利亚评论家大卫·泰西认为,卡斯特罗对精神分析意义上的象征符号的运用实际上是向弗洛伊德表示敬意。"卡斯特罗把狼人塑造成一个壮志未酬的艺术家,一个未来的作家,并指责弗洛伊德窃取谢尔盖的资料,目的是推销他自己的精神分析故事或理论,使自己成为一个著名的作家。如果我们将狼人看作一个作家,那么我们就会以另一种眼光来看待精神分析师和病人之间的关系。"①对于精神分析在澳大利亚的命运,他反思道:"我们澳大利亚人应该审视一下自己是否要急于诋毁弗洛伊德。首先,澳大利亚的意识中对理论本身就持怀疑态度。在英国实证主义和理性主义的支持下,我们的澳式实用主义使得我们在文化上不欣赏任何类型的理论,无论是弗洛伊德或其他。……《双狼》被誉为是对高尚而严肃的精神分析理论的大胆质疑,但当我们意识到澳大利亚人从来没有认真对待过精神分析时,那么这个质疑又会有多'大胆'?"②

总而言之,《双狼》是卡斯特罗焦点比较突出的一部小说。阿特·卡塔科姆、魏斯比、弗洛伊德之间的叙述彼此连贯,前后衬托。虽然小说的故事性不是很强,但是作为一部充满艺术风格和艺术创新的作品,《双狼》体现了卡斯特罗的一贯创作风格,而对弗洛伊德"狼人的故事"的戏仿或重译则给翻译文学与世界文学增添了一道亮丽的风景。

---

① David Tacey, "Freud, Fiction, and the Australian Mind", p. 8.
② David Tacey, "Freud, Fiction, and the Australian Mind", p. 12.

澳大利亚文化研究

另一种声音
——评澳大利亚当代女性戏剧创作

叶 宁[①]

前 言

在澳大利亚剧坛中,女性主义是随着戏剧"新浪潮"的产生而崛起的。戏剧的"新浪潮"产生于20世纪60年代末,以约翰·罗默里尔(John Romeril),戴维·威廉森(David Williamson)、杰克·希伯德(Jack Hibberd)和阿莱克斯·布佐(Alex Buzo)等一批专写澳大利亚故事的剧作家为代表,形成澳大利亚戏剧蓬勃发展的势头。随着麦克·博迪(Michael Boddy)和鲍勃·埃利斯(Bob Ellis)的《欧马利王的传说》(*The Legend of King O'Malley*)(1970)的上演,1970年在珀斯戏剧节上上演了一批来自墨尔本的澳大利亚表演剧团的戏。"20世纪60年代末,澳大利亚戏剧冲破了传统的羁绊……开创了一个剧作家辈出、作品众多、表现手法新颖的繁荣局面。60年代末到80年代初涌现的剧本及其在批评家中间引起的反响,远远超过了在此之前的180多年。这20年是澳大利亚戏剧史上的黄金时代"[②]。而在这一浪潮中,女性剧作家们也不甘示弱,她们的剧作,尤其以基于墨尔本的女性剧作团体为代表,冲破以男性为主体的戏剧范式,挑战了其中程式化的女性原型角色。1972年上演的贝蒂·罗兰的(Betty Roland)《贝蒂能够跳跃》(*Betty Can Jump*)(1972)标志着女剧作家们在她们的剧作中开始了对女性主义的探索。1974年,墨尔本女性戏剧剧团(Melbourne Women's Theatre Group)的成立

---

① 叶宁,河南财经政法大学外语学院教师。
② 黄源深:《澳大利亚文学史》,上海:上海外语教育出版社,2014年,第537页。

更是将澳大利亚的女性主义戏剧创作和演出推向高潮。该剧团"在1974年到1977年,创作并制作了至少25部原创的且极具创造力的剧作演出"①。在澳大利亚戏剧的发展历程中,女性剧作家的作用是不可或缺的,这一点也是澳大利亚戏剧界学者们所公认的,如剧作家派塔·泰特(Peta Tait)教授在她与伊丽莎白·谢芙(Elizabeth Schafer)合编的《澳大利亚女性戏剧:文本与女性主义》(Australian Women's Drama: Texts and Feminisms)的介绍中就指出:澳大利亚女性剧作家的作品"专注于女性角色,用独具匠心的形式表达女性主义的诉求,而这些都构成了独特的戏剧风格。……她们的剧作将女性主义思想扩大并且延伸"②。的确,在澳大利亚剧坛上活跃的女性剧作家是澳大利亚戏剧的重要组成部分,迈尔斯·富兰克林(Miles Franklin)③、奥瑞·格蕾(Oriel Gray)、多萝西·休伊特(Dorothy Hewett)、奥尔玛·德·格瑞恩(Alma De Groen)、詹妮·坎普(Jenny Kemp)、苏珊娜·司邦娜(Suzanne Spunner)及乔安娜·墨瑞·史密斯(Joanna Murray-Smith)等女性剧作家的参与和贡献,使澳大利亚戏剧的发展呈现出独特的、迥异于其他英语国家的民族特征。

一. 女性主义萌芽时期(20世纪50年代前)

澳大利亚女性剧作家对于自身身份的探讨远远早于"新浪潮"。自从澳大利亚1901年建立联邦国家之后,澳大利亚女性剧作家们所面临的除了民族身份的探索以外,还有另一个问题:在一个以白人男性"兄弟情谊"

---

① Peta Tait, *Original Women's Theatre: The Melbourne Women's Theatre Group 1974—77*, Melbourne: Artmoves, 1993, p. 1.

② Peta Tait and Elizabeth Schafer, *Australian Women's Drama: Texts and Feminisms*, Currency Press, 1997, p. vii.

③ 迈尔斯·富兰克林(Miles Franklin,1879—1954)是澳大利亚文坛的一位重要作家,除了小说创作上的成就以外,澳大利亚最重要的文学奖之一 Miles Franklin Awards 便是以她的名字命名的。她也创作过戏剧,如:*No Family*。该剧的写作年代难以考察,但该剧可考的最早演出是于1946年6月26日在悉尼的独立剧院,由澳大利亚剧作家剧院制作上演。参见 *Tremendous Worlds: Australian Women's Drama 1890—1960*, (ed.) Susan Pfisterer, Sydney: Currency Press, 1999.

(mateship)为主流的文化中,如何发出澳大利亚女性自己的声音。早在20世纪初,澳大利亚女性剧作家如蒂芙娜·库萨克(Dymphna Cusack,1902—1981)、莫纳·布兰德(Mona Brand,1915—2007)、贝蒂·罗兰(Betty Roland,1903—1996)及奥瑞尔·格蕾(Oriel Gray,1920—2003)等就已经将女性主义融入她们的作品当中,如20世纪初凯瑟琳·苏珊娜·普理查德(Katherine Susannah Prichard)著名的剧作《布朗比酒馆》(*Brumby Innes*)。该剧在1927年的"三合音戏剧大赛"(The Triad Play Competition)中赢得了头奖,在1972年由澳大利亚表演剧团(Australia Performance Group,简称APG)制作演出,成为澳大利亚女性主义戏剧的标志。普理查德的女性主义创作可以说是较早且影响较深远的。她毕生信仰共产主义,因此她的作品中除了关注女性之外,也充满了对共产主义政治主张的宣传。

早期的女性剧作家们的着眼点基本是在社会现实主义戏剧的范畴内,通过反抗受限的性别角色来挑战严格的父权制度。在奥瑞尔·格蕾的《洪流》(*The Torrents*)(1955)和蒂芙娜·库萨克的《清晨的牺牲》(*Morning Sacrifice*)(1942)中,新崛起的职业女性成为主体。《洪流》揭示了女性进入由男性主导的新闻界的困难,而《清晨的牺牲》则反映了澳大利亚学校中男性巡视制度和责罚性的聘用条规给女性教师带来的重重压力。这两部戏所针对的主题都是男性的权力对女性的压迫。尽管这样的主题可以归类为现实主义,但是她们的剧作充满宣传和政治鼓动意味,用马克思主义理论来支撑观点。可以说激进是澳大利亚女性主义戏剧首要的特点。

二、女性主义发展成熟期(20世纪60—80年代)

自20世纪60年代起,遍及西方世界的女性主义第二波浪潮带来的是女性群体意识的形成和对性压迫的反抗,由此而产生的结果是对女性身份更进一步的、更为成熟的认识。在澳大利亚,这一浪潮从一开始就充满多样性,包括了自由主义、马克思主义、物质主义、分裂主义、激进主义,以及女性同性恋和少数族裔团体等各种潮流。20世纪70年代和80年代涌现出一批女性戏剧团体,如"悉尼女性动作剧团"(Sydney Woman Action Thatre)、墨尔本的

"家庭厨艺戏剧团"(Home Cooking Theatre Company)、阿德莱德的"首要数据剧团"(Vitalstatistix)和"女性戏剧剧团"(Women's Theatre Group)、墨尔本的"闪电鼠剧团"(Flash Rat Company),等等。尽管这些剧团很多在20世纪90年代时都逐渐消失了,但是,它们对现代澳大利亚剧坛的影响可谓深远,现今活跃于澳大利亚剧坛的很多编剧、演员或管理者都曾是其中的成员,如编剧兼演员苏·因格顿(Sue Ingleton)、罗宾·阿彻(Robyn Archer);1996年被任命为南澳戏剧公司(the South Australian Theatre Company)执行总监的克丽丝·韦斯特伍德(Chris Westwood)就曾于1981年举办了第一届女性导演工作坊(Women Directors' Workshop),并于1982年举办"女性与戏剧"项目(Women and Theatre Project)。

除了女性戏剧团体以外,澳大利亚女性主义戏剧的激进传统也在其他剧作家身上有所体现,最著名的要数多萝西·休伊特(Dorothy Hewett)和奥尔玛·德·格瑞恩(Alma De Groen)。多萝西·休伊特的《危险教堂》(*The Chapel Perilous*)(1972)于1972年在悉尼首次上演;同年,奥尔玛·德·格瑞恩的《乔丝 亚当斯的秀》(*The Joss Adams' Show*)(1972)也在墨尔本首演。这两位剧作家的作品在澳大利亚当代女性剧作家的创作中非常重要,借用女性主义戏剧评论家苏·艾伦·凯斯教授总结女性主义戏剧重要特点的话说,这些作品"打破了日常对女性身体描述的禁忌;批判了男性凝视;并且重新将女性置于主体性的位置"[1]。

派塔·泰特指出:"澳大利亚戏剧中女性主义理论的发展很大程度上源于电影理论、视觉艺术理论及表演艺术的理论化的发展。"[2]女性主义电影理论最著名的洞见来自劳拉·马尔维(Laura Mulvey)的"凝视"概念,这一概念后来在特蕾莎·德·劳瑞提斯(Teresa de Lauretis)那里得到发展。芭芭

---

[1] Sue—Ellen Case, *Feminism and Theatre*, New York: Methuen, 1988, p. 108.

[2] Peta Tait, *Original Women's Theatre: The Melbourne Women's Theatre Group 1974—77*, Melbourne: Artmoves, 1993, p. 9.

拉·弗雷德曼(Barbara Freedman)[①]认为在电影凝视中，女性被客体化，而戏剧的表演性则将这种凝视折回，因此，这两种凝视之间存在着巨大的差异。多萝西·休伊特1972年的剧作《献给多丽的糖果与玫瑰》(Bon Bons and Roses for Dolly)(1972)及1974年的《塔特·霍罗的故事》(The Tatty Hollow Story)(1974)则是印证这些理论的最显著例子。《献给多丽的糖果与玫瑰》实际上就是将电影作为浪漫想象的象征符号，"用讽刺的笔调，塑造了一个30年代电影(尤其是进口电影)所构成的梦幻世界"[②]。有趣的是，休伊特作品中的女性大多身形秀美，有着长长的金发，因此她们被称为"黄金女孩"(golden girl)。她们总是男性欲望和凝视的目标与中心，但最终都因随岁月老去而被抛弃，极大地讽刺和解构了传统对女性光鲜亮丽形象的束缚。而个性突出的休伊特在她的剧作中毫不避讳地谈及女性的衰老、闭经等在当时属于禁忌的话题。在《献给多丽的糖果与玫瑰》(1972)中，当人老珠黄的奥莉·普利特(Ollie Pullit)拖着一个傀儡般的被她称为"伙计"的丈夫缓缓出场时，全场观众被震惊。澳大利亚戏剧学家玛格丽特·威廉姆斯(Margaret Williams)记录道："该剧在1972年在珀斯戏剧屋剧场(Playhouse)的首演季中，走廊里的花被塞到厕所里，反对该戏上演的匿名信不断寄到剧院办公室。"[③]威廉姆斯认为，这些情感上的回应和异议，是由于剧作对现实主义戏剧传统的挑战，如其中的非直线时间的戏剧模式，煽情的歌曲和暗示性的象征主义的杂糅。多丽反复地如电影明星般从大旋梯上走下来，随即人老珠黄、邋遢不堪，直至自杀，这些都是女性被客体化的印证。

《塔特·霍罗的故事》刻画了一个女人与多个情人之间千丝万缕的纠葛。塔特提供了"女性作为性目标的直接描述"[④]。在她的情人口中，塔特是男性凝视中一系列的女性原型——女神，娼妓，女巫。该剧的冲击力相当解构。

[①] Barbara Freedman, "Frame-up: Feminism, Psychoanalysis, Theatre" in Case, Sue-Ellen, ed., *Performing Feminisms: Feminist Critical Theory and Theatre*, Baltimore & London: Johns Hopkins, 1996, p.73.

[②] 黄源深：《澳大利亚文学史》，上海：上海外语教育出版社，2014年，第551页。

[③] Margaret Williams, *Dorothy Hewett: The Feminine as Subversion*, Sydney: Currency, 1992, p.29.

[④] Ibid., p.39.

"如果说《献给多丽的糖果与玫瑰》将致命毒蝎女人的形象扶正为社会常态构成的话,那么《塔迪·霍罗的故事》描述则完全是男性眼中的女性形象,而这些形象与女性对自己的认同毫无关系"[①]。塔特在剧终时堕落成为一个肮脏、疯狂、穿着破烂、无礼的街头流浪汉,这一形象彻底摆脱了男性对于女性光鲜亮丽形象的幻想,将女性自身置于男性欲望之外。休伊特对女性形象的颠覆很好地证明了芭芭拉·弗雷德曼关于女性主义戏剧用表演有效地回击男性凝视的论述,而这一效果在单向交流的媒体——如电影中是无法达到的。休伊特的其他代表作还有《危险教堂》(*The Chapel Perilous*)(1971)和《圣女贞德》(*Joan of Arc*)(1975)。玛格丽特·威廉姆斯对她作品的评论是:"正如许多女性作家笔下的女主人公一样,塔特表演的是自己,由她所激发起的一系列形象是自我发现的一种形式。她对身份和形象的表演,就像在试衣一样。对于不适合自己的身份,就及时扔掉,直到找到真正的自己。"[②]休伊特作品丰富的戏剧性和辛辣的讽刺,不断激励着评论家对其作品中女性角色进行解读。

总的来说,休伊特笔下的女性角色都不可爱,有的甚至令人反感,但是,这种略带变态式的颠覆达到的效果却是对女性主义成功的超越。可惜的是,休伊特从90年代起又回归散文与诗歌创作,因此她的剧作上演得较少,更多的是仅供阅读的材料。而与此同时,比她小18岁的奥尔玛·德·格瑞恩则用激进、创新的戏剧形式继续女性主义戏剧创作。伊丽莎白·铂金斯(Elizabeth Perkins)总结道:"在德·格瑞恩的剧作中,女性主义的演进和发展不是以概念和信仰为系统的,而是一种存在主义式的女性主义。在戏剧的发展过程中,戏剧本身创造了自己的体系。"[③]在她的作品中,《中国之河》(*The Rivers of China*)(1987)是最挑战传统戏剧空间的一部剧作。剧中女性艺术家的命运意味着异化是一个不可避免的状态,而这种异化是与性别相连的。

德·格瑞恩每一部剧作的形式都不一样,早期剧作如在1970年获得加

---

① Ibid., p. 42.
② Ibid., p. 45.
③ Elizabeth Perkins, *The Plays of Alma de Groen*, Amsterdam: Rodopi, 1994, p. 142.

拿大国家剧作比赛奖的《乔斯亚当斯的秀》(*The Joss Adams Show*)是一部充满荒诞色彩的剧作;《回家》(*Going Home*)(1976)则是一部现实主义作品,该剧在1980年由ABC电视台播出,并且作为第二届澳大利亚戏剧节的一部分。1982年,其《职业》(*Vocations*)在澳大利亚全国剧作家大会的工作室演出。而其1988年在西南威尔士州与维多利亚州两大州获得总督奖的《中国之河》(*The Rivers of China*)(1987)则是一部超现实主义的剧作。该剧挑战性地使两个不同的世界互相交织,而这两个不同时间和空间的世界又是由真实人物——新西兰作家凯瑟琳·曼斯菲尔德(Katherine Mansfield)衍生而出。剧中女性乌托邦世界是对现实中以男性为主导的社会秩序的极大讽刺,在这个世界中,女性通过"美杜莎的凝视"获得权力,完全颠覆了父权制。在1999年上演的《窗后的女人》(*The Women in the Window*)是一部用充满诗意的语言来严厉抨击政治专制的作品。奥尔玛·德·格瑞恩的笔锋相对平和,但是,在平和的表面下涌动的是对女性平等与自由的渴求。格瑞恩以其作品中充满诗意的灵动空间,稳稳地占据了澳大利亚剧坛的一席之地。多萝西·休伊特与奥尔玛·德·格瑞恩这两位剧作家运用了不拘一格的戏剧手段——诗、超现实、梦境等,打破了现实主义对结构和内容的限制。

20世纪70年代与80年代中,另外三位女性剧作家——道林·克拉克(Doreen Clarke)、瑟瑞思·拉迪克(Therese Radic)及吉尔·谢尔瑞(Jill Shearer)的创作也别具特色。克拉克的剧作《流血的蝴蝶》(*Bleedin' Butterflies*)(1980)与《再见,布里斯班女士们》(*Farewell Brisbane Ladies*)(1981)承袭了同时期男性作家们惯用的民族主义写作特点:幽默且娴熟的澳大利亚土话、工人阶级的"战斗者"形象,以及激烈的社会评论。她的剧作着重于表现女性在社会灾难——如20世纪30年代的经济大萧条——中的体验和命运。吉尔·谢尔瑞是一位多产的作家,写过20多部剧作,创造了一系列坚强的女性角色,如1977年的历史剧《凯瑟琳》(*Katherine*)(1977)中被判刑的女性等。但她从"不认为自己是一个鲜明的女性主义作家"。她"首先是一个讲故事的人……","但是,对于我笔下的女人们,我的认识深刻"①。她最为著名的剧作是《什玛达》(*Shimada*)(1987),该剧除了几次大规模的上演之外,在美国百老汇还有过一次演出。该剧探讨的是工业化所带来的矛盾、种族关系,以及外国经济对澳大利亚的影响。该剧使用了日本能剧和歌舞伎的表演方式。其中,对于亚洲和澳大利亚关系的讨论,使得评论界将该剧与早先约翰·罗默里尔(John Romeril)的《漂浮的世界》(*The Floating World*)(1974),以及瑟瑞思·拉迪克的《帝王的悔过》(*The Emperor Regrets*)(1992)相提并论。而拉迪克的剧作则升华了谢尔瑞的自然主义,将中国杂技融入其中,探讨了在亚洲社会中女性与权力的关系。

三、成熟与反思(20世纪90年代)

"传统的共识认为女性的戏剧写作只关心个人,忽视大众和政治话题,但是所有的这些戏剧都是对这一错误认识的反驳。"②到了20世纪90年代,女性主义戏剧早先强调性别平等、讲述女性故事的主题已经逐渐淡去,取而代之的是从个体到大众领域对文化和意识形态的关注。然而,在1984年到1995年,名为"戏剧作品"(Playworks)的机构③对女性剧作家进行的调查记录 *Playing With Time*: *Women Writers for Performance* 显示,从主要的剧团规划到艺术委员会的拨款等几乎各个方面,澳大利亚女性在职业戏剧的发展中并没有赢得平等的地位。而唯一取得相同表现机会的却是一些边缘性的剧院,如边缘剧团、青年剧团及教育和社区剧团,但是对这些剧团的项目拨款也很不稳定。社区剧团(Community theatre)是澳大利亚戏剧中规模最大

---

① Helen Gilbert, "Telling In in Multiple Layers: An Interview with Jill Shearer", *Australasian Drama Studies*, issue 21, 1992, p. 146.

② Playworks, *Playing With Time*: *Women Writing for Performance*, Sydney: Playworks, 1995, p. 119.

③ "戏剧作品"(Playworks)是一个全国性的机构,旨在发掘和培育新的女性戏剧作者。该机构发布了一个1985—1995年澳大利亚戏剧公司女性工作情况调查报告,范围涵盖基金、戏剧制作,以及女性在各戏剧公司创作和管理决策中的地位。调查发现在此期间,女性在该调查所涉及的方面的进步非常有限。参见 *Playing With Time*: *Women Writers for Performance*.

和最重要的部分,但其地位和所得到的资助是最低的,这就使得从业者的职业化非常困难。这种困境带来的后果就是许多剧作者和戏剧从业者可能还没有得到充分发展,事业就已夭折了,同时也意味着在审美旨趣方面的限制。

这一时期发出声音的还有由欧洲移民组成的剧团,如阿德莱德的"多匹奥剧团"(Doppio Teatro),主要由意大利裔移民组成,她们的剧作多次巡演。如由格蕾汉姆·皮茨(Graham Pitts)改编自艾玛·切科托斯托(Emma Ciccotosto)的自传剧《艾玛:被翻译了的生活》(*Emma：A Translated Life*)(1991)描述了在澳大利亚生活的意大利裔的女性生活,剧中采用的40声意大利女性合唱令人叹为观止。另一位希腊裔作家苔丝·莱西奥提斯(Tes Lyssiotis)的作品也非常丰富,尤其是她的三部曲《旅程》(*The Journey*)(1987)、《一件白色运动衫》(*A White Sports Coat*)(1988)和《四十休息室咖啡馆》(*The Forty Lounge Café*)(1990)。她的作品探讨了在澳大利亚的希腊女性移民与其在澳大利亚出生的女儿因文化的差异所产生的代际误解和困惑。苔丝采用了双语写作,借此让观众更好地体会到移民的困惑。而独角戏《一件白色运动衫》(1988)通过剧中主角——一个怀孕的女作家,探讨了在澳大利亚的女性移民中,民族归属性不仅使得女性被双重边缘化,而且也加深了其身上的"他者性"。

20世纪90年代的女性主义戏剧的另一个特征是:用女性原型、精神分析或是梦境经历的形式,打破传统的文本/角色/叙述戏剧模式。具备这一特征的代表人物如土著剧作家宁佳丽·劳福德(Ningali Lawford),剧作家兼导演詹妮·坎普(Jenny Kemp),剧作家安德丽·莱蒙(Andrea Lemon),萨拉·卡斯卡特(Sarah Cathcart)以及桑德拉·肖特兰德(Sandra Shotlander)。她们的作品中一部分是以同性恋为题材。剧中使用的双语独白、传统歌曲、土著神话、舞蹈等,突出了种族文化的断层,讲述了别具一格的女性体验。

剧作家兼导演詹妮·坎普(Jenny Kemp)可以算是90年代澳大利亚剧坛的领军人物,她曾多次获得绿屋最佳导演奖(Green House Award),1996年新南威尔士州总督奖最佳剧本奖提名,2003年昆士兰州和新南威尔士州总督文学奖提名,以及1997年肯尼斯梅耶最佳表演奖(kenneth myer medallion)。她的戏剧常能引起巨大反响,如《白色旅馆》(*The White Hotel*)

(1983)、《野性的呼唤》(*Call of the Wild*)(1989)、《记得》(*Remember*)(1992)、《黑丝裙》(*The Black Sequin Dress*)(1996)及《依旧安吉拉》(*Still Angela*)(2002)。坎普的剧作深受20世纪90年代大众文化图形化转向的影响。她的大多数戏剧借鉴了保罗·德尔福(Paul Delvaux)的超现实画派风格,用回忆、梦境来构造形象,多着眼于当代女性的心理。因此,在她的剧作中,通常会出现两个不同的空间类型,一个是平凡的现实生活空间,另一个便是充满诗意的心理空间。澳大利亚戏剧学者瑞切尔·芬谢姆(Rachel Fensham)和德妮斯·瓦尼(Denise Varney)将坎普对澳大利亚戏剧的贡献定义为"诗意的革命":"坎普对于澳大利亚戏剧的诗意的革命是对生命的提升,她的作品用非现实去唤醒或者扰乱了观众对于外部现实和内在事实的脆弱又充满转换的差别鸿沟,以及女性意识和男性意识之间的区别。"[1]丰富的导演及舞台经验使得坎普对心理空间的舞台呈现显出独特的澳大利亚特色。和多萝西·休伊特一样,坎普认为女性有必要去创造立于男性身份基础之上的现实主义标准外的作品,"我感到应该去创作一种打破传统的时间框架/模式的戏剧结构,并以此为中心"[2]。她利用戏剧的表演性来打破对于女性的凝视:"梦境中的做梦的人总是在梦中看到他/她自己。我发现用这一现象来调和观众/演员之间的关系很有趣。表演成为了观众的梦境。"[3]派塔·泰特认为坎普的剧作展现了女性主义理论:"坎普的创作受弗洛伊德和荣格的精神批评的影响,将他们的理论处理为梦境状态、回忆和幻想……她的作品推断出一种女性潜意识的研究,一种近似于西克苏和伊丽加莱的论述所描写的女性写作的目的。"[4]

《依旧安吉拉》于2002年首演于迈特豪斯剧场,2004年在澳大利亚巡回演出。在这部剧中,坎普充分运用回忆、梦幻和想象手段,将文本、空间和演

---

[1] Rachel Fensham and Denise Varney, *The Doll's Revolution: Australian Theatre and Cultural Imagination*, Australian Scholarly: Melbourne, 2005, p. 65.

[2] Kemp, Jenny, "A Dialogue With Disjuntion", *Telling Time: Celebrating Ten Years of Women Writing for Performance*, Virginia Baxter(ed.), Sydney: Playworks, 1996, p. 30.

[3] Ibid.

[4] Peta Tait, *Converging Realities: Feminism in Australian Theatre*, Sydney: Currency, 1994, p. 87.

出构成了一个诗意的空间。在该剧中,职业女性安吉拉在 40 岁生日的当晚,决定逃离令人窒息的常规生活,于是她乘上开往沙漠的火车,而由此开始的行程既是在地理空间上由沿海向内陆的行进,也是对安吉拉过往生活的回顾,通过这种真实空间与心理空间的穿插,反思了现代女性所背负的各种生活和心理负担。该剧延续了詹妮·坎普的戏剧创作的一贯风格,分别由四位演员扮演剧中 6 岁、20 岁、30 岁和 40 岁时的安吉拉。

如果说詹妮·坎普通过精神分析的手段来探索女性的主体性,那么其他的女性作家则主要表现女性在精神领域独特的优势,如莱蒙、卡斯卡特和肖特兰的剧作中所创造的女性原型——女神,或者奥尔玛·德·格瑞恩(Alma De Groen)笔下女艺术家身上超验的创造力,以及多萝西·休伊特笔下的女主人公们对女性欲望的表达。瑞塔·菲尔思琪(Rita Felski)将这些叙述描述为:"女主人公们发现她们自己能够超越那些由男性定义的女性的自我角色,这种超越经常被归类为新浪漫主义的词汇,并且作为一种神秘主义的构成,实现了对自然的本能的移情。"[①]她之后又指出,这种女性主义作品根植于两种基础,一是让女性从长久以来所挣扎着的自我解放回归到一种原型,二是重新加强了自然/文化这一对二分体,实现的是个体的内在转化与变革。

玛格丽特·科比(Margret Kirby)的剧作《我的身体,我的血》(*My Body*, *My Blood*)(1994)则是一个例外,它展示的是对女性宿命的抗拒和对英国教堂政治权威的挑战。安得丽·莱蒙和萨拉·卡斯卡特的剧作则批判了军国主义。桑德拉·肖特兰德的剧作主要通过女同性恋题材表现激进的女权主义。她在 1995 年创作的《失明的萨勒姆》(*Blind Salome*)(1995)是以荣格的精神分析理论作为创作来源,该戏重现了女神母亲的母题。而另一部剧《力量的天使们》(*Angels of Power*)(1992)则基于该母题另辟蹊径,探讨了高科技时代的繁衍技术,剧中本属于原型的角色黛安娜、玛丽和雅典娜穿上了现代的外衣。

这一时期女同性恋戏剧的另外两名代表是路易丝·爱丽丝(Louis

[①] Rita Felski, *Beyond Feminist Aesthetics: Feminist Literature and Social Change*, Massachusetts: Harvard U P, 1989, p. 76.

Alice)和萨拉·哈代(Sarah Hardy)。她们1988年创作的《雷德克利芙》(*Radclyffe*)(1988)源于雷德克利芙·哈尔(Radclyffe Hall)的女同性恋小说《孤独之井》(*The Well of Loneliness*)。萨拉·哈代的《维塔:一个神话》(*Vita: a Fantasy*)(1989)则是关于弗吉尼亚·伍尔夫的恋人维塔·萨克维尔·韦斯特(Vita Sackville West)的。这两部剧作都取得了不俗的成果。然而,女同性恋作家的历史自传和她们所作的文学和艺术贡献一直都有争论。派塔·泰特评论道:"让女同性恋艺术家成为文化中在场的存在是一个非常重要的议题,然而,当代的女同性恋身份的认同依旧困难重重,充满艰辛和被拒。"①

四、回归抑或超越?(2000年前后)

自20世纪90年代以来,成功进入主流剧坛的女剧作家基本沿袭现实主义戏剧的传统,即遵守文本/角色/叙述的模式。关于女性的社会和政治问题依然是现实主义戏剧关注的焦点。其中的代表人物如汉尼·瑞森(Hannie Rayson)、乔安娜·墨瑞·史密斯(Joanna Murray—Smith)、凯瑟琳·汤姆森(Katherine Thomson)及派塔·墨瑞(Peta Murray)。她们的现实主义戏剧都在主流戏剧中赢得了广泛的成功。派塔·墨瑞的《墙上开花》(*Wallflowering*)(1989)就曾多次演出。具有颠覆意义的是,剧中的恶棍正是一群女权主义者,她们试图提高主人公佩格的自主意识,将她从无趣的家庭生活中解放出来。然而到了最后,她们却庆祝平庸,抹杀差异,用室内舞会来象征理想的异性关系。凯瑟琳·汤姆森的两部剧作《酒吧女》(*Barmaids*)(1991)和《潜水探珍珠》(*Diving for Pearls*)(1991)主要探讨了阶级问题。剧作充满对工人阶级角色的同情:他们挣扎着去适应社会的急速变化,然而就业率的浮动却经常使他们变成受害者。

---

① Peta Tait, Converging Realities: Feminism in Australian Theatre, Sydney: Currency, 1994, p.81.

乔安娜·墨瑞·史密斯的戏剧讲的大多是中产阶级的故事。她的《荣誉》(*Honour*)(1995)赢得了1996年维多利亚总理文学奖戏剧类别的冠军。该剧讲述了一位中年女性的婚姻因为一位年轻女性的介入而失败的故事,充满了对女性尊严的捍卫与同情。墨瑞·史密斯擅长人与人之间关系的细节描写。而由墨尔本戏剧公司(Melbourne Theatre Company)推出的《宾夕法尼亚大道》(*Pennsylvania Avenue*)(2014)则是一部用音乐和回忆构成的幽默独角戏,讲述了在美国白宫社会事务办公室工作了近四十年的哈铂女士在离开工作岗位之前,回忆从肯尼迪总统到克林顿总统任职期间,在白宫接触的人与事的故事,幽默、感伤、调侃、真情在这部独角戏中被澳大利亚著名演唱家及演员伯纳黛特·罗宾逊(Bernadette Robinson)演绎得淋漓尽致。

汉尼·瑞森的《索伦托旅馆》(*Hotel Sorrent*)(1990)在首演成功后被拍成电影。与其另一部作品《跌离优雅》(*Falling From Grace*)(1994)一样,该剧塑造了一组坚强的女性角色形象。瑞森的事业起源于社区剧团,她擅长喜剧创作,逐步在主流戏剧创作队伍中站稳脚跟。瑞森的剧作语言机智俏皮,在幽默中剖析澳大利亚中产阶级,因此评论经常将她与戴维·威廉森(David Williamson)相比。女性之间的纽带是她的剧作常常关注的焦点,如在《索伦托旅馆》中性格迥异的三姐妹,《跌离优雅》中三位要好的朋友。作品对工人阶级女性和她们为平衡个人生活和工作所做的努力进行了强有力的刻画。

结　语

与欧美女性剧作家相比,澳大利亚当代女剧作家在她们的作品中对女性及女性主义的关切,相对来说显得大胆与激进。无论是现实主义还是超现实主义的戏剧形式,也无论有没有明确设定性别政治的目标和标准,在其中都蕴藏着对性别化二元对立的关注和探讨。从19世纪早期开始,女性剧作家们对澳大利亚女性身份的探索,到由多萝西·休伊特引领的澳大利亚戏剧舞台上的女性的性别解放带来的分裂与瓦解,从詹妮·坎普对女性形象的绝对主体化,到乔安娜·墨瑞·史密斯貌似回归的现实主义戏剧,澳大利亚女性剧作家们的不懈努力为澳大利亚剧坛树立起一道独特亮丽的风景线。而澳大利亚剧作家以及评论家、学者对澳大利亚戏剧的投入和关注,也是澳大利亚戏剧一直以来保持独立姿态的主要原动力。总之,澳大利亚作为英语世界的一支,其女性主义戏剧所散发出的独特魅力正吸引着越来越多的人去关注、去探讨,而澳大利亚女性剧作家们也随着时代的变迁,不断加深澳大利亚女性主义戏剧美丽的轮廓。

论彼得·凯里《离家万里》中的地图书写

段超[①]

《离家万里》(*A Long Way From Home*,2017)是彼得·凯里的第14篇长篇小说,也是凯里首次以长篇小说的形式正面审视澳大利亚的殖民历史、探讨土著文化身份的作品。作品讲述了领航员巴赫和鲍伯斯夫妇参与环绕澳大利亚一圈的"瑞德克斯耐力赛"(Redex Trial),重新测绘澳大利亚的历史和现实。在这场"离家万里"的竞赛中,巴赫通过向鲍伯斯夫妇介绍沿途历史上白人屠杀土著的地点,以及与土著共同生活,逐渐意识到自己的土著血统。凯里认为尊重、还原这段历史的重任应由土著作家来完成,如由白人作家来书写,无异于再次挪用土著讲述自身历史的话语权、重现帝国殖民史。年过古稀的凯里之所以犹豫再三最终执笔,是因为"你(我)不能罔顾自己是澳大利亚白人作家的事实,终其一生都在忽视我们历史上最重要的事实,即我们正是种族屠杀的受益人"[②]。在对澳大利亚大陆自然风情的描写上,这部作品和《"凯里帮"真史》(*True History of the Kelly Gang*)(2000)有很多相似处,而交织的双重叙述视角也是凯里非常熟练的叙述方式。《华盛顿邮报》(*The Washingdon Post*)称赞其"善于捕捉日常生活中琐碎、有趣的想法……细节生动形象",《卫报》(*The Guardian*)认为,这篇小说是凯里"近年来最好的作品"。

20世纪70年代以来,西方文学评论领域兴起的空间理论使文化和文学批评发生了"空间转向",它为后殖民主义理论从全球空间语境考察历史上欧

[①] 段超,上海交通大学外国语学院博士研究生,研究方向为澳大利亚文学、比较文学。

[②] Alex Preston, "*A Long Way from Home* review—Peter Carey's best novel in decades", in *The Guardian* (January 15, 2018). https://www.theguardian.com/books/2018/jan/15/a-long-way-from-home-peter-carey-review.

洲殖民者对世界空间的影响提供了新视角。帝国施行殖民话语、维持殖民秩序除了依靠必要的政治操控和军事力量外,还依仗于地图来确立空间、划分地域。在寻回文化身份的过程中,巴赫借助的并非殖民历史上留下的"权力地图",而是土著的"精神地图"。竞赛开始后,地图承担着人与自然对话媒介的功能,为参赛者指引前进方向。而后在途经白人屠杀土著地点时,地图成了殖民者暴行的见证。最后,巴赫在土著的"精神地图"指引下,放弃了殖民者视角中的"权力地图",寻回了自己的文化身份,成为土著文化的继承者。基于此,本文以后现代地理学空间理论为基本视角,从科学性与人文性的综合体、殖民霸权的角力场、文化身份的想象空间三个方面解读这部作品,试图找到地图在前殖民时期和后殖民社会中对土著身份的界定功能。

一、地图作为科学性与人文性的综合体

《离家万里》的出版,一方面表明了凯里在写作主题上重返澳大利亚,另一方面也彰显了他对被压迫的土著人文关怀。他跟文论家尼古拉斯·彭思如此描述道:我在纽约全职写作,却每日心系澳大利亚[①]。但是凯里的思绪无关怀乡,而是关乎复写澳大利亚土著被压迫、屠杀的残酷历史。在凯里之前,不乏白人作家书写土著历史,如亚列克斯·米勒的《别了,那道风景》(2007)、《石乡之旅》(2002)等。凯里本人也在《奥斯卡与露辛达》(1988)等作品中以白人视角描写过这段帝国殖民者迫害土著的残酷历史。作为"澳大利亚文化的代言人",凯里在以往多部作品中都探究了民族文化之根、本土文化与帝国文化的关系[②],而《离家万里》是凯里首次在叙事层面把目光重点投向土著群体,集中探讨了土著、欧洲移民、英美帝国殖民者间错综复杂的文化冲突和身份关系。《离家万里》中,鲍伯斯夫妇为了夺冠成名,成为美国福特汽车的经销商而参与"瑞德克斯耐力赛";巴赫原本在墨尔本郊区一所中学教授

---

① Natalie Quinlivan. "Carey's race: *A Long Way from Home* by Peter Carey", in *Sydney Review of Books* (December 6, 2017). https://sydneyreviewofbooks.com/review/a-long-way-from-home-peter-carey/.

② 彭青龙:《彼得·凯里小说研究》,上海:上海外语教育出版社,2011年,第32页。

地理,但因惩戒学生不当,被学校开除。追求成功的鲍伯斯夫妇和有着丰富可靠的地理知识的巴赫一拍即合,三人组队参与了这场环绕澳大利亚一周、逾万英里的耐力赛。在途中,鲍伯斯夫妇因对巴赫的态度及土著被迫害历史的事实产生分歧,巴赫也阴差阳错在搭顺风车时无意闯入自己的出生地。这一过程中,参赛者开着美国车(通用),使用英国殖民时代留下来的地图,途经土著居住地,并环绕澳大利亚一周的行为则体现了新、旧帝国重访殖民地的意图。

地图作为一种知识的形式,通常具有毋庸置疑的权威性,但是作品中土著所赖以生存的"精神地图"却消解了这层权威性。菲利普·谬克认为地图给人以权威性的印象,因此人们会毫无保留地予以接受。尽管地图以"真相"的形式被呈现,它所提供的视觉证据难免已经经过制图者的感知过滤。[①] 因此,地图也是从掌权者的视角出发呈现内容、讲述故事的。在英帝国初次征服澳大利亚大陆和土著时,所绘制的地图是从"凝视"视角观察这些地理环境的产物。地图的另一显著特征界限性将范围界定,进而在既定的范围内继续细分,建立不同等级的行政单位,最终在栖居者社区树立领土意识、灌输意识形态观念。这种具有表象性的科学知识形式会扎根在人的基本认知中,以后天、无声的方式强制扭转个体体察世界的方式。因此,巴赫的赛途是一个渐进的验证殖民地图可靠性的过程,但科学性的知识作用在个体身上不见得具有普世性的指导意义,这一点连作品中的白人角色鲍伯斯夫人也予以承认。

和帝国认知、殖民逻辑相反的是,土著并没有黑白分明的空间界限观念。"在澳大利亚土著文化和北美印第安人文化中,地图往往被认为是口头表达的一种方式。地图所支撑的一套社会系统中,空间坐标往往是以文字方式呈现,而非图像:地图所承载的知识是以口头方式表达出来。"[②]巴赫在匡比丘任教时,土著彼得森曾询问墙壁上地图中从"大屋子"绵延到远方的栅栏是什么,因为"土著没有栅栏,没有栅栏也没有地图,只有白人才有篱笆和地

---

① Phillip Muehrcke, "Functional map use", *Journal of Geography*, 77.7, 1978, p. 333.
② Graham Huggan, "Maps, Dreams, and the Presentation of Ethnographic Narrative: Hugh Brody's 'Maps and Dreams' and Bruce Chatwin's 'The Songlines'", *ARIEL: A Review of International English Literature*, 22.1, 1991, p. 59.

图"①。他认为土著孩子们不需要地图,因为他们生活在自己的土地上。彼得森的提问和回答塑造了土著文化中人与自然和谐统一的空间观与世界观,正是因为土著对土地居住而非占有的事实,面对白人的掠夺、屠杀,二者才从简单的流血冲突演变为空间观的对抗。土著文明中的空间观以人与土地的和谐共生为前提,和欧洲殖民者将土地视为资本的空间观恰恰相反。殖民者绘制的地图是自上而下"凝视"的产物,正是界限分明的划分归类才会造成个人的迷途,这也解释了为何彼得森声称土著不需要地图也不会迷路。

地图的科学性塑造了现代国家和地缘政治,地图的人文性是栖居在土地上的居民与自然景观、地形的和谐对话,科学性和人文性的冲突便体现出帝国文化与土著文化的差异。在制图史上,制图学家一直在强调制图学的科学性,而它人文性的一面则被极大地忽略了。一些视觉研究学者如安海姆、艾科往往更倾向于将地图归为一种具有一致性的图表,视其为模型或对现实的再现,换言之,将其与艺术、绘画完全隔离开来。地图和现实之间无法区分,这是帝国征服者的逻辑,表象的科学、严谨有助于殖民统治和社会稳定。哈利指出,将地图视作"自然的镜子"会导致制图话语带有后天的反面特征②。基于制图、绘图的科学性,其追求一种"真实、进步或高度肯定的知识"③。这种对仿真性的追求最终会导致欧洲地图对过去时代的地图、非西方绘制的地图、其他文明的地图面前显示出一种优越感。但这种优越感本身便是对其声称的"科学性"的极大诋毁。"……空间在以往被当作是死僵的、刻板的、非辩证的和静止的东西。相反,时间却是丰富的、多产的、有生命力的、辩证的"④。

空间被用以掩盖各种结果,权力和行为准则的诸多关系被深深地印入社

---

① Peter Carey, *A Long Way from Home*, Vancouver: Random House, 2018, p. 310.

② Brian Harley, "Deconstructing the map", *Cartographica: The international journal for geographic information and geovisualization*, 26.2, 1989, p. 13.

③ Rachel Laudan, "Ideas and organizations in British geology: a case study in institutional history", *Isis*, 68.4, 1977, p. 2.

④ 爱德华·W. 苏贾:《后现代地理学:重申批判社会理论中的空间》,王文斌译,北京:商务印书馆,2004年,第10页。

会生活的纯真空间，各种人文地理也变得充满政治意味和带有意识形态色彩①。巴赫一行人在跨越澳大利亚大陆时所依据的殖民时期地图在方向指示上并不完整，"我对窗外的风景一无所知，它们不曾改变，是被遗忘了的殖民战场。土著黑人和帝国白人间的'接触'洒下的鲜血浸染了这块土地"②。因此，这次环澳比赛本质上是一次再测绘，以补全之前殖民时期地图的不足，只是这一次是以新帝国的意志和工具进行。鲍伯斯夫人的车抛锚时，土著彼得森的出现让事情发生转机，他将电池修复好并助力鲍伯斯夫人和巴赫继续比赛。这是地图背后的人文性对科学性的一次胜利。这也使得鲍伯斯夫人对待土著的态度从比赛开始前的恐惧变成敬畏与尊重。哈利认为历史上的地图难逃种族中心论和阶级中心论的嫌疑。作品在描述白人对土著犯下的罪行时采用的是一种更为隐晦的方式。如在行驶途中，艾琳小心保管好偶然发现的一个土著婴儿的颅骨，并向当地警方报告。在车队被困时，土著彼得森给汽车电池加热，帮助他们化险为夷。这些间接描述更有力地凸显了不在场的暴力历史，比直白的长篇大论更引人反思和警醒。"小说在处理艰难真相时，作者有没有权力去讲述并不重要。凯里的创作说明了在这块曾被施加暴力的土地上，任何语言都显得苍白"。

巴赫在匡比丘的教学生活和与当地土著的交往中，意识到方向判断与自然息息相关，定位并不一定是通过白人视角中的地图才能实现。作品中，白人卡特对土著彼得森评价甚高：他在识别方向上真是个天才，整个世界都不在话下。他知道前前后后都有谁，对万事万物都全面洞察……但是你递给他一张地图，他却完全看不懂③。此处表现出的矛盾在于本体论上的一致和认识论上的差异。而后巴赫在听彼得森讲述蛇祖故事时，小孙子奥利佛握着小棍在地上把故事画了出来。巴赫惊觉"这就是地图"，却遭到彼得森再次否定，"我们不需要地图，这就是我的国家"。彼得森的回答让巴赫思考自己究竟是其所谓"愚蠢白人"还是继承这则故事的土著。巴赫由此获得的启发也让他逐渐放下欧

---

① 爱德华·W. 苏贾：《后现代地理学：重申批判社会理论中的空间》，王文斌译，北京：商务印书馆，2004年，第12页。
② Peter Carey, *A Long Way from Home*, p. 213.
③ Peter Carey, *A Long Way from Home*, p. 422.

洲殖民传统中的傲慢,他擦去教室墙壁上带有边界的地图,重新画上了澳大利亚海岸线,而大陆上一片空白。"我会让学生们在此画出祖先们从一地到另一地的迁徙路线,但我不会将其称为地图"①。此时,巴赫才幡然醒悟,白人殖民者征服、俯视自然的态度无法让其和土著文化、土著身份产生共鸣,唯有以不加界定、不予占有的姿态,自我的土著文化身份才能得以彰显。

二、地图作为殖民霸权的角力场

在殖民者权力施行过程中,地图扮演着特定的功能。如同大炮、军舰,地图也是帝国主义冒进的先锋。地图被用来合法化征服和殖民的现状,其创造的现实进一步为帝国维系领土现状和既定事实②。作为帝国信使,地图是修辞手段、报刊、流行歌曲之外鼓吹帝国道德的工具的重要补充。"制图是一种特殊的智力武器,通过地图人们可以获得权力,对权力进行归管,赋予权力合法性,并将其法典化"③。在 16 世纪的西班牙、葡萄牙,地图文件是一种经济活动的资源,被当作奇技淫巧使用,地图在彼时是一种知识垄断形式。普通民众既无必要也无可能接触这一特权知识。时钟的发明巩固了统治阶层的社会秩序,人们不必再像"日出而作,日落而息"那样依照自然现象来进行经济活动、社会生产。地图同样成了中央集权政治权威的图像象征,它为身处其中的民众指明、规定生产空间,并约束其生产外的社会行为。19 世纪,伴随着地理学作为独立学科的发展,地图逐渐趋于制度化,其权力效应再一次彰显于欧洲帝国主义在全世界掀起的殖民狂潮。在非洲,宗主国无视当地的种族、部落的同一性,在地图上以尺规强行将非洲大陆切割为方正、规整的权力较量场。而这种帝国殖民行径在后世造成了无数次大大小小的非意识形态冲突。殖民者的笔尖落于冰冷、客观的地图上,边界线、边疆的突然出现让

---

① Peter Carey, *A Long Way from Home*, p. 453.

② Brian Harley, "Maps, knowledge and power", *The iconography of landscape: Essays on the Symbolic representation, design and use of past environments*, eds. Denis Cosgrove and Stephen Daniels, Cambridge: Cambridge University Press, 1988, p. 57.

③ Brian Harley, "Maps, knowledge and power", p. 56.

成百上千万的人民流离失所、命悬一线。

地图是一系列符号的集合,但是对现实的挪用又让其极为脆弱,现实中的政治、历史、地理变化都将削弱其可信性。"地图所呈现的知识可能是,也经常受制于政治、军事和经济目的"①。地图的时效性决定了制图学是一门不停流动的学科,其所蕴含的时间维度是我们考察殖民历史不可忽视的一面。"所有的地图在被印刷出来前就已经过时了"②。在巴赫参与的电台抢答节目中,其对手克罗夫被问及澳大利亚第一个内陆海出现的时间,她答道,"六万年前,当人类从新几内亚方向入侵这片土地时"③。克罗夫的回答看似合理化了欧洲殖民者对澳大利亚大陆的"再入侵",殖民携带的话语权重写了历史,自然历史尽管客观存在着,但是在人类发现之前,就认识论而言,俨然不存在。那么所有权的合理性、合法性又应当如何界定呢?土著在数万年前登陆澳大利亚大陆,暂居于此,白人殖民者到来后抢夺了占有权,使这一权利处于流转中。克罗夫的回答因此具有制图学意义上的科学性。

福柯的后现代地理学空间理论如此阐述:"追寻真理并非客观、中立的行为,而是与追寻者的权力意志息息相关。因此,知识是一种权力,一种以科学中立性为伪装,实则呈现出个人的价值标准的方式。"④这一说法合理地解释了巴赫在反驳克罗夫时所持的立场,他指出:"早在1827年,一个叫马斯林的人画了一幅地图。在这地图上有一片内陆海,但在现实中只有土著和沙漠。从来就没有过内陆海。但是因为这个疯子画的地图存于维多利亚州立图书馆,因此这个内陆海就存在。"⑤鲍伯斯夫人对此答案相当震惊,对此她的评价是,"这完全是胡说八道"⑥。此时,真相和事实并不存在于现实当中,

---

① Nicholas, Dunlop, "Cartographic Conspiracies: Maps, Misinformation, and Exploitation in Peter Carey's "American Dreams", *Antipodes*, 22.1, 2008, p. 33.
② Denis Wood, and John Fels, "Designs on signs/myth and meaning in maps", *Cartographica: The International Journal for Geographic Information and Geovisualization*, 23.3, 1986, p. 82.
③ Peter Carey, *A Long Way from Home*, p. 150.
④ Brian Harley, "Maps, knowledge and power", p. 54.
⑤ Peter Carey, *A Long Way from Home*, p. 150.
⑥ Peter Carey, *A Long Way from Home*, p. 151.

完全成为权力话语的产物,内陆海究竟自何时开始存在的争论俨然变成了一场权力斗争,只有胜者才能从意志上决定它的存在。

相较于文学、艺术、音乐等记录形式承载的民主特性,地图始终不具有稳定的指向性。制图学和地图普遍反映着拥权者的意识形态,他们以此在制图过程中与地图使用中形成一套切实可行的、由上及下的权力话语。"地图意指都是裹挟价值观的产物,它只在几何层面上非真即假。在呈现内容、符号使用、呈现方式上都具有明显的倾向性,在特定的社会关系中施与影响"[1]。制图学神化了权力,巩固了现状,将社会交往凝结于划定的线条内,是意识目的明确的话语。福柯认为所有形式的知识中都存在着权力,无论是直观呈现还是暗含其中。地图绝非朝向世界的透明缺口,而是"人类看待世界的特定方式"[2]。巴赫梦到自己成为一名被控诉间谍罪的土著,法官认为他掌握着所有从古到今的大路小道的秘密。贝佛利命令他把所有通往真空石油、壳牌石油和埃索石油公司的道路擦除,在梦里"我(巴赫)拥有成百上千张地图,但是我不确认哪一张才是官方地图"[3]。巴赫潜意识里念念不忘的"官方地图"实则指代欧洲文明和殖民话语。但由于不纯粹的身份定位,他必须彻底拒绝白人身份和殖民视角,才有可能和自己的土著文化身份产生联系。"真空石油、壳牌石油和埃索石油"代表着欧美殖民者深入澳大利亚大陆留下的殖民行径,而将通往它们的道路从地图上擦去便意味着对殖民行为作出反抗,摒弃自己身上的"白人性"。

地图测绘是权力话语形成和殖民者权力永恒化的过程。对世界进行分门别类就是予以侵占[4],世界最终被规训和常态化。在地图当中,自然被简化为直来直去的图形公式,制图者的权力不施加于某些个人身上,而是体现为决定民众最后能否看到这个世界的样子,以及其被呈现的方式,地图也成了静默的权力仲裁者[5]。托勒密早在公元150年的《地理学》中就提出了"未

---

[1] Brian Harley, "Maps, knowledge and power", p. 53.
[2] Gene Blocker, *Philosophy of Art*, New York: Charles Scribner's Sons, 1979, p. 43.
[3] Peter Carey, *A Long Way from Home*, p. 475.
[4] Denis Wood, and John Fels, "Designs on signs/myth and meaning in maps", p. 72.
[5] Brian Harley, "Deconstructing the map", p. 13.

知的南方大陆"(Terra Australis nondum cognita)的猜想,16世纪的世界地图中,现今澳大利亚所在的位置是一片巨大连绵的土地。从提出猜想到实地考察,从绘图标记到占领统治,这是帝国秩序与殖民逻辑的实践——未知的大陆作为"他者"的存在,必须予以征服。而对居住在此数万年的土著而言,澳大利亚大陆是"自在"的存在,既不需证明其存在的合理性,更遑论占领统治。巴赫跟人生导师塞巴斯蒂安在图书馆工作的那段时间,曾想构建一个明晰的图书分类系统,因为"英国人在这方面从来都没做好。最终我们会亲手建立一个地图室,里面放着我们的地图、制图……"①。这是对澳大利亚独立民族身份的思考和尝试,可以视为澳大利亚给自己开具的"身份证明",事关权力话语的收回和重立。

三、地图作为文化身份的想象空间

巴赫身份的不确定性始于欧洲文明视野下的地图,终结于土著文明的"想象地图"。"地图原来的功能是表示一个国家领土的地理特征、祖先系谱的合法性以及被统治人群的特征。地图为居住在一块特定土地上的人们提供一种想象的统一感"②。小说的时代背景设定在"二战"后,彼时多数前往澳大利亚的德国移民为了避免敌意而将"巴赫胡卜"(Bachhuber)改为英文名"休伯特"(Hubert)。但是巴赫为了凸显自己的白人身份,毫不避讳地继续使用原名。为了躲避养父母和"不忠"女友,巴赫从阿德莱德前往墨尔本,在一档著名电台抢答节目上担任嘉宾,也在一所初中执教。他的教学生涯一帆风顺,直到他被一名学生无意的种族主义言论冒犯,因体罚学生遭到校方开除。巴赫之所以大为光火,是因为学生的言论来自澳大利亚政府的蓄意引导。在"白澳"政策的指导下,澳大利亚政府刻意从欧洲移民中挑选那些浅肤色的北欧难民作为未来公民。巴赫因肤色问题遭到质疑,这让其长久以来在文化身份上的自信与荣誉感受到冲击,他认为自己在文化身份上不属于澳大

---

① Peter Carey, *A Long Way from Home*, p. 434.
② Benedict Anderson, *Imagined communities*: *Reflections on the origin and spread of nationalism*, London: Verso books, 2006, p. 175.

利亚,"我没有理由留在阿德莱德战时炎热的大街上,我的故乡一定在哈布斯堡王朝和匈牙利地图上……"①。

在欧洲中心主义影响下炮制出的权力地图是殖民者后裔身份归属的合法性与合理性的重要来源。围绕这一套权力系统衍生出的生活观念、社会习俗不仅是整体意义上国家运作的基础,更是个人文化身份的关键参考坐标。后殖民理论家巴巴和赛义德都曾表明拟象在历史上作为殖民话语,使被殖民者的流放和臣服合法化。"……帝国主义在建立殖民统治时不仅依靠枪炮占领大片土地,同时还依靠各种文本——报刊、杂志、文学、冒险故事、日记和信函为殖民统治的合法性摇旗呐喊"②。地图作为殖民统治的文本衍生和现实世界的拟象,其规整的区域划分和命名无疑为文化身份的确定提供了根本的合理性依据。拟象对现实的再现其实是特定视角下的现实再现,从这个层面来看,权力地图即是从西方视角看待自己的产物。为了贯彻"白澳"政策,政府一边吸纳北欧移民,一边又把拥有浅肤色的土著儿童从母亲身边掠走送给白人家庭③。尽管巴赫是"被偷走的一代"中的受害者,但因为他在一个充满爱意的寄养家庭中长大,甚至从小就对地图这一权力产物产生浓厚兴趣,他便逐渐习得了欧洲文明的语言方式。他对社会主导文化予以的肯定,正反映出彼时"白澳"政策对土著造成的难以消弭的心理创伤。

土著文明的"想象地图"借助于口口相传的传奇故事延续下去,是土著的身份根本,和殖民者线条交错、规划有序的地图迥然不同。但巴赫与土著文化产生共鸣并非一蹴而就,权力地图施与他的固化语言让他在面对土著文化时产生本能的抗拒、退却。无独有偶,凯里写作于1975年的一篇科幻小说《你是否爱我》也揭示了个人身份与地图界定间相互作用的关系。作品描述了一个被制图者操控的世界,居住其中的人们从一年一度的"玉米节"大审查当中获得安全感,但这个世界的边缘土地却正在褪色消失,"如同安装不当的照片展现出的画面"④。人们惶恐不安,最后才意识到,一个人如果没有得到

---

① Peter Carey, *A Long Way from Home*, p. 78.
② 彭青龙:《彼得·凯里小说研究》,上海:上海外语教育出版社,2011年,第247页。
③ Peter Carey, *A Long Way from Home*, p. 32.
④ Peter Carey, *War Crimes*, Queensland: U of Queensland P, 1979, p. 19.

他人足够的爱,就会从这个世界消失。这也同样体现在巴赫与自己的土著身份和解的过程中。土著彼得森和汤姆都认为巴赫应该留在土著的土地上,并继承祖先的"律法"。汤姆年幼时就被白人救济机构塞进装牲口的笼子里带走,在不同的孤儿院之间几经辗转,最后因不堪养父母的虐待而出逃。此后,汤姆终日在德比、马多瓦拉酗酒,频繁出入监狱。当他最终和母亲团聚时,他已经丢掉了属于本族的语言。因此,当汤姆看到年轻的巴赫时,他十分希望这个年轻人能承担起传承"律法"的责任。但巴赫此时仍然无法接受自己的土著身份,"根本没有什么所谓'律法',我是《大洋洲》的读者,泰得·斯特莱罗对澳大利亚土著的人类学研究作品我也读过"。巴赫尝试用自己的教育经历来为自己是个"白人养大的正直白人"辩护①。

在匡比丘任教时,巴赫逐渐意识到他的命运不存在于那幅祖母送他的德国地图上,而是在另一幅无形的地图上。当他得知自己的学生无法画出澳大利亚的轮廓时,巴赫决定"教给他们一些有用的知识"。他将洞穴教室的一堵墙抹白,在表面画上一幅澳大利亚地图,最后还在角落落款"库克船长于1770年"。白色象征着欧洲殖民者对澳大利亚大陆的入侵,凯里也借此微妙地批评了巴赫的无知和傲慢。此后在和匡比丘土著居民的相处中,巴赫逐渐意识到他们的古老故事才是自己重返家园的"精神地图",这也体现在后文他邀请学生参与绘画前人的迁徙路线图中。小说结尾处,巴赫为了帮助部落中一名土著年轻女孩摆脱白人卡特的控制,对其大打出手,最后因过失杀人锒铛入狱。至此,虽然巴赫逃离匡比丘的企图以失败告终,但他却成功地和自己的土著身份达成和解。

相较于纵横交错、秩序井然的"权力地图",瞬息万变、难以定性的"精神地图"作为巴赫文化身份的参考系,其中时间作为不可忽略的维度的重要性尤其突出。土著的"想象地图"是对殖民者"权力地图"的反抗,其中蕴含的价值需要个体在时空中借由想象才能把握。从海德格尔《存在与时间》的书名中我们便知道,历史与时间息息相关,而正是时间和空间承载着历史。因此,在考察地图时,时间仍是不可忽视的维度。对海德格尔而言,"揭示—隐藏"

---

① Peter Carey, *A Long Way from Home*, p. 407.

具有的双重功能,是我们理解"存在"不可或缺的方面。如若把海德格尔的存在观应用于地图之上,我们既须了解地图能够做到的,也需要了解地图不能做到的,"地图应该能够帮助我们找到自己在这世界上的位置"①。在赛途中,因车辆故障,巴赫试图搭顺风车返回珀斯,由此遇到了卡车司机盖勒特·汉加,汉加答应巴赫将其带往罗巴克圆屋,但因为错过目的地,两人产生了争执。汉加的话发人深省:"我活在此时此地,但是你在哪儿?""你在此时此地,那边(珀斯)又有什么呢……你所谓'那些山'是远古的珊瑚礁形成的。这是你看不见的当下的结果。"②以此看出,"权力地图"未曾把时间维度纳入个体对这个世界的认知中,这才造成了原本和亘古不变的自然共同呼吸的土著文化难以在"权力地图"的规训下存在下去的结果。

四、结　语

在《离家万里》中,凯里首次把大量笔墨放在澳大利亚的殖民压迫历史上,表达了凯里对土著文化、土著生存状况的同情和关注,以及对欧洲殖民行为、帝国逻辑的反思。本文从后现代地理学和权力话语的视角考察了作品中的"两幅地图",即欧美殖民者的"权力地图"和土著的"精神地图",前者是帝国话语的执行工具和压迫历史的见证者,在抽象空间中施与殖民逻辑、维护帝国秩序,用强权覆盖土著文明的历史,篡改少数族裔文化以实现历史对空间的征服。而后者则是土著的文化之根,对于文化身份的守护至关重要。这一场环澳耐力赛以新兴帝国的旨意进行,在表面上完成了对澳大利亚的再次测绘,也为鲍伯斯夫人等殖民者后裔提供了反思历史的机会。巴赫也最终以一种间接的方式摆脱了"权力地图"的固化思维,并拥抱了土著的"精神地图",完成了和自己土著身份的和解。地图作为空间的抽象体现,终结了巴赫对欧洲文明的想象,让他重回精神故土,寻回文化身份。

---

① Jeremy Crampton, "Thinking philosophically in cartography: Toward a critical politics of mapping", *Cartographic Perspectives*, 41, 2002, p. 13.
② Peter Carey, *A Long Way from Home*, p. 453.

历史角落的声音
——新历史主义视域下解读《深入北方的小路》

司苏蕊[①]

引 言

《深入北方的小路》是澳大利亚作家理查德·弗拉纳根(理查德·弗拉纳根)的第六部作品,这部长篇小说于 2013 年出版,2014 年便获得英语小说界具有最大影响力之一的奖项布克奖,弗拉纳根本人也成为澳大利亚历史上第三位获此殊荣的作家。小说的背景设定在"二战"时期,1943 年,日本在"二战"中由于战线拉得过长,加上军需供应短缺,屡战屡败。为了从陆地向驻缅日军输送兵力物资,日军将大量的亚洲人和欧洲人奴隶送到泰缅交界修建铁路,其中就包括两万二千名澳大利亚战俘。战争结束后,人们渐渐遗忘了这条铁路的修建经历,因修建铁路死去的战俘也随着这条荒弃的铁路一起湮没在历史中,甚至没有人知道在这项恐怖残暴的工程中死去了多少人。小说以军医多里戈·埃文斯为主线,讲述了澳大利亚战俘修建"死亡铁路"的故事。小说着重描写了战俘营中饥饿与疾病交加的生活环境,刻画了效忠日本天皇的残暴军官,饱受"死亡之路"折磨的战俘和深陷不伦恋、活在回忆里的医生多里戈等形象。除了直接描写战俘在"死亡铁路"上受到的折磨之外,小说在后半部分还花费大量笔墨描绘幸存战俘的战后生活。尽管战争已经结束,军医多里戈甚至被称为"战争英雄",但是从"死亡铁路"上幸还的人的记忆却永远留在了战俘营中。小说的题目源于日本诗人松尾芭蕉的俳句,意为"深处的小路",而在小说中,这条路却成了战俘的"死亡之路",战俘营的恐怖经历

---

① 司苏蕊,华东师范大学澳大利亚研究中心研究生。

也成了所有人终身挥之不去的阴影。小说在出版之后备受赞誉,为理查德颁奖的安东尼·格雷林认为"文学的两大主题是爱情与战争,而《深入北方的小路》正是一部描绘爱情与战争的伟大作品,小说行文十分优美有力,用一个涵盖罪行和英雄主义的故事连接了东方和西方,过去和现在"①。

2014年《深入北方的小路》获得布克奖后,国内对《深入北方的小路》的关注和研究拉开序幕。较早的研究是周小进在2015撰写的书评,其探讨了小说中的苦难、奴役与自由主题②。国内研究主要集中在书评、主题分析、人物塑造以及叙事技巧方面,较为常见的是从某个理论视角切入,具体分析小说中的要素,如苏州大学教授王腊宝从后现代创伤伦理出发,将小说中的人物分为三组进行分析,揭示创伤背后扭曲的后现代价值取向③;施云波、朱江从福柯的三种主体塑造方式出发,分析澳大利亚战俘如何突破知识与权力的控制,来完成对自我的伦理塑造,最终实现救赎④。随着国内对该小说的关注增加,近年来有多篇硕士论文都分析了此小说,或从写作手法如叙事技巧、反讽的角度展开研究,或从伦理关系、荣格的情结理论的视角切入解读。国外对《深入北方的小路》的研究起步较早,以书评和采访居多,研究的视角更加多元,较少从某一理论出发,多为对小说内容、主题、人物的阐释,还有学者将《深入北方的小路》与其他文学作品进行对比研究,这种方式目前在国内尚未出现。如罗伯特·迪克逊(Robert Dixon)通过对比弗拉纳根的《深入北方的小路》和史蒂文·卡罗尔(Steven Carroll)的《他者的世界》(*A World of Other People*),探讨应该从何种空间和范围来解读文学作品⑤;菲奥娜·达西(Fiona Duthie)将此小说中的主人公与托马斯·肯尼利(Thomas

---

① https://www.bbc.com/news/entertainment-arts-29617292
② 周小进:《苦难、奴役与自由——评理查德·弗拉纳根的〈深入北方的曲径〉》,载《外国文学动态研究》,2015年第1期,第99～104页。
③ 王腊宝:《〈深入北方的小路〉中的后现代创伤伦理》,载《外国文学》,2018年第2期,第8～20页。
④ 施云波、朱江:《极端民族主义之殇与人性之爱的救赎——对〈奥之细道〉的福柯式解读》,载《南京师范大学文学院学报》,2016年第4期,第145～151页。
⑤ Robert Dixon, "'Communications from Below': Scalar Transformations in Richard Flanagan's *The Narrow Road to the Deep North* (2013) and Steven Carroll's *A World of Other People* (2013)", Antipodes, vol. 31, No. 1, 2017, pp. 184～205.

Keneally)《羞耻与俘虏》(Shame and the Captives)中的人物进行对比,从而揭示了两本小说中人物体现出的"不完美英雄主义"[1]。总体来讲,国内外研究共同关注了小说中的战争、创伤、人物塑造、叙事手法等元素,目前国内对该小说的研究有所增加,国外研究视角更加多元。

小说灵感来自作者父亲作为日本的战俘参与修建泰缅铁路的真实经历,在弗拉纳根的笔下,修建"死亡之路"这段被遗忘的历史通过一个个战俘的经历渐渐走到人们的面前,牺牲的战俘不再是冰冷的数字,而是在绝望中挣扎呐喊的鲜活生命。弗拉纳根在小说中重新勾勒出历史的一角,不仅关注历史中"小人物"的命运沉浮,也关注在战争中可憎亦可悲的日本人,作者并未从战争中敌对双方的角度来看待历史,而是从对生命本身的关怀出发,用强烈的人道主义关怀来阐释这段历史,并表现出对战争的谴责和对和平的渴望。

文学与历史的动态关联

新历史主义兴盛于20世纪七八十年代,关注文学与历史的互动关系,注重考辨历史因素,其历史观与文本观是其中两个重要的理论假设。"新的历史观不是将历史视为对过去的事的真实描述,而是视为描述过去发生的事的一种话语,所有的历史都是主观的,历史并不能为我们提供某种真理,而是思考与描述世界的话语"[2],即历史具有文本性。通过弗拉纳根的叙述,"二战"期间日军修建泰缅铁路的暴行展现在人们眼前,战俘营中的人生百态也借助作者的想象力跃然纸上,随着故事的推进,人们得以触摸这段真实存在但却渐渐被遗忘的奴役的历史。在书的开头,弗拉纳根写道,"献给第三百三十五号俘虏(335)",而335正是其父亲修建"泰缅铁路"时在战俘营中的编号。从这个角度来说,《深入北方的小路》也可以看作作者对父亲饱受战争创伤经历的记述,作者以此为基础,来展开整部小说的叙述。新历史主义代表人物"蒙

---

[1] Fiona, Duthie, "Enemies of Honor: Heroes and Prisoners of War in Richard Flanagan's *The Narrow Road to the Deep North* and Tom Keneally's *Shame and the Captives*", Antipodes, vol. 30, No. 1, 2016, pp. 159~171.

[2] 王一川:《文学批评教程》,北京:高等教育出版社,2009年,第160页。

特洛斯强调能动与自主性的统一,因为主体既受历史的制约处于历史长河之中,又超越于历史之外能对历史做出深切的反思,并对历史话语进行全新的创造"[①]的观点,而《深入北方的小路》正是这样一本反映历史却又超越历史的小说。

新历史主义认为,文本是文化的产物,也形成文化。"文本不存在于真空中,而是存在于给定的语言、给定的实践、给定的想象中"[②],即文本具有历史性。作者的祖先原来是流放到塔斯马尼亚州的爱尔兰罪犯,父亲这一代人经历了"二战"的洗礼,过着贫苦交加、颠沛流离的生活,小说的背景设定在"二战"时期,彼时日本军队将澳大利亚战俘送往泰缅交界修建"死亡铁路"。小说的内容紧扣这段历史:穷兵黩武的日本帝国主义、"一根枕木,一条人命"的死亡铁路,以及贫病交加、忍受着非人生活的战俘。历史的碎片通过故事的推进浮现,作者对战俘营细致的描写伴随作者的想象一起建构着这段历史。新历史主义探讨"文学文本周围的社会存在和文学文本中的社会存在"[③],善于将"大历史"化为"小历史","总是能将视野投入到一些为'通史家'所不屑或难以发现的小问题、细部问题和见惯不惊的问题上"[④],就像小说中提到的那样,"永远没有人会知道,他们(战俘)的名字已经被遗忘,没有书册为他们招魂"[⑤],但作者却希望在自己的书写中,为牺牲的战俘留下残篇断简来纪念逝去的生命。弗拉纳根在历史与文本的关联互动中,试图重现父亲在战俘营中的生活,并关注战争对边缘个体造成的性格扭曲和人生轨迹的改变,反思历史的悲剧与苦难,为历史缝隙中的卑微个体发出自己的声音。

在历史的文本中书写个体命运沉浮

新历史主义批评认为,人们无法接触到一个真实的历史,如果没有文本

---

① 王岳川:《后殖民主义与新历史主义文论》,济南:山东教育出版社,1999年,第178页。
② 张京媛:《新历史主义与文学批评》,北京:北京大学出版社,1993年,第62页。
③ 张京媛:《新历史主义与文学批评》,北京:北京大学出版社,1993年,第14页。
④ 朱立元:《当代西方文艺理论》,上海:华东师范大学出版社,1997年,第406页。
⑤ R. Flanagan, *The Narrow Road to the Deep North*, Sydney: Vintage, 2013, p. 26.

作为媒介,则根本无法了解历史。"文学总是具有某方面能动的社会功能,总是要参与主导意识形态的流通和确立,或改变和挑战主流意识形态权力话语而代表边缘地位的声音发言"[①]。《深入北方的小路》对战俘营生活及性格各异的战俘进行了细致而生动的描写,作者没有正面描写枪林弹雨的血腥场面,而是将目光聚焦于一个个有血有肉的战俘,透过战俘营中饱受折磨的战俘和多面人格的日本军官,将"死亡铁路"的残酷暴露在人们的视野中。

弗拉纳根根据父亲在战俘营的经历,在创作过程中,亲自到死亡之路考察,体验在大热天扛起石头,并去日本找到当年的日本士兵了解情况,最终在小说中塑造了许多令人难忘的战俘形象。达基·伽迪那乐观正直,即使面对着饥饿、过劳和充满溃疡、坏疽、霍乱等疾病的生活环境,也总是想着生活美好的一面。他会将每天唯一的一顿饭——一个小饭团省下一半,待饥饿难耐的时候享用。越是失去自由,越是在连生存都是难题的情况下,伽迪那对家乡尼基塔里斯的鱼店就越是怀念,每当看到那些困在玻璃水箱中失去自由的鱼时,他最大的愿望便是将它们放生,就如自己对自由的渴望那般强烈。但就是这样乐观善良的战俘却在"死亡之路"和日本军官的折磨之下迎来了悲惨的结局。为了保护旷工的战俘,伽迪那任凭日本军官严刑拷打也没有供出他们的名字,于是,当着众多战俘的面,他被日本军官打得半死,在半夜里拼尽全力爬到军营的茅坑上厕所时,却由于体力不支,不慎坠入茅坑溺亡。战后为了完成伽迪那的心愿,幸还的战俘同胞们真的找到了那家鱼店,并放生了店里的鱼。

杰克·彩虹在"死亡之路"上饱受热带疾病的困扰,下肢溃烂,曾经进行过三次截肢手术,但是战俘营的医疗条件却极其糟糕,小说中对于手术环境的描写令人印象深刻:"竹竿、装食品和煤油的空罐子,以及形形色色从日本人那里偷来的小物件——瓶子、小刀、卡车输油管——这是一项把魔法设计变成现实的巨大成就,蜡烛放在锡罐做成的反射镜凹面上,一个用煤油罐做成的灭菌器,一张竹子做的手术台,从机器上偷来的铁制部件被打磨成手术

---

① 王岳川:《后殖民主义与新历史主义文论》,济南:山东教育出版社,1999年,第177页。

器械……"①多里戈就是在这样的环境下,用勺子和锯为杰克·彩虹进行截肢。但尽管拼尽全力,杰克还是在手术未完成时倒在了手术台上。战俘营中还有一个战俘"大力士"小不点儿,他干起活来精力充沛,总是超额完成日本人定下的任务量,认为这是"对抗日本征服者的胜利"②,书中对小不点儿忍受殴打的描述尤为惊心动魄:"之前,他以一种近似傲慢的态度绷直身体,忍受着殴打,就好像他的身体比任何殴打都强硬,而现在,他却在岩石炸开的切割面上打滚,像一个破布或稻草做成的物件,如一个沙袋一样承受着猛打与重击。殴打结束后,小不点儿的反应令人不可思议,他开始抽泣了。"③随着每天的任务量越来越繁重,小不点儿感染了各种各样的热带疾病,最后小不点儿强壮的身体在日复一日的摧残中日渐枯萎。新历史主义可以说是"在文学历史领域中的政治权力话语的具体操作。它不仅可以用来说明20世纪人们所关心的文化复兴问题,也可以通过历史的解读去发掘女性遭受压抑的历史,看到处于边缘话语的历史,以及在社会制度和经济结构中处于底层的人的历史。因此,新历史主义将颠倒的历史重新颠倒过来……开始对政治、经济、文化和权力结构加以重新认识和自我关照,并对人性的自觉意识和现代文化中的意义存在加以反思"④。弗拉纳根关注"二战"中"死亡铁路"上被排除在权力之外的个体,不仅关注他们在战俘营中的惨痛经历,还在书的后半部分着重写到战俘们的战后生活。时代的悲剧降临到个人身上将是毁灭性的灾难,其他幸存的战俘的生活无一例外无法回到正轨:"他们(战俘)很快就离奇地死去,或因车祸,或自杀,或是因奇怪的疾病,很多人的孩子生下来就有毛病或问题,要么残疾,要么智力迟钝,要么生来就很奇怪。很多人的婚姻摇摇欲坠,继续维持只是为了符合当时的社会准则和习俗,而不是因为他们有能力拨乱反正,他们没有能力去面对生活中的不对劲之处。他们与世隔绝,离群索居,跟其他人一起待在城里,酗酒无度,精神有些疯癫,就像公牛赫伯特一样,酒醉驾驶,驾照也被没收。想喝酒时就骑马进城。当他与妻子约

---

① R. Flanagan, *The Narrow Road to the Deep North*, p. 234.
② R. Flanagan, *The Narrow Road to the Deep North*, p. 189.
③ R. Flanagan, *The Narrow Road to the Deep North*, p. 193.
④ 王岳川:《后殖民主义与新历史主义文论》,济南:山东教育出版社,1999年,第180页。

好一起自杀,一起喝下毒药醒来发现妻子去世自己却活着的时候,只想喝得烂醉。他们要么闷闷不语,要么滔滔不绝,像公鸡麦克尼思一样,撩起肚子炫耀割除阑尾的伤疤,喋喋不休地讲日本人怎么用刺刀捅他。"[1]弗拉纳根深入历史的"切片"中,努力构建和父亲一样的普通战俘经历的惨痛场面,用"厚描"的细节挖掘战争中的人性,关注个体命运在历史长河中的走向,表现出作者对个体命运的关切,有着很强的人道主义关怀。

小说在对战俘进行细致入微的刻画时,也用大量笔墨叙述了日本军官的战时与战后生活,展现了多面人格的日本军官。中村少校一心效忠天皇,秉承着日本大和魂精神,不断压榨战俘,使这条原本因为修建难度大、工期长而被英国抛弃的铁路,仅用十几个月就完工了,但就是这样一个如恶魔一般的少校,在弗拉那根的笔下却不总是邪恶残忍的。中村有着极高的文学修养,尤其喜欢日本诗人松尾芭蕉的俳句,即使在战俘营中工作也会吟诵诗歌。在"二战"日本战败后,中村回到日本,为避免战犯身份暴露,便隐姓埋名到异乡谋生,走投无路的中村在异乡结识了一位护士,两人结婚后,中村通过妻子在医院储藏室找到一份工作,在医院中,中村结识了在"二战"中作为实习医生的佐藤医生,在得知佐藤医生及其他日本医生在"二战"中的活体实验等行径后,中村有意疏远了他。娶妻生子后的中村性格大变,甚至连一只蚊子或蜘蛛都舍不得伤害,仿佛是在为自己的罪行忏悔。与绝大部分残暴无情的形象不同的是,日本军官中村尽管有残忍无情、漠视生命的一面,但在小说的描述中却更像日本军国主义下的牺牲品,是日本天皇实现帝国野心的一颗棋子。小说中的幸田上校也是一位心狠手辣的军官,他的特殊癖好就是观察人的脖子,"我在人身上看到的只有这些,脖子。我见到没见过的人,我看他的脖子,我仔细查看——好砍还是难砍。我从人们那儿想要的只有脖子,奋力一劈,那颜色,红黄白"[2],幸田上校对于砍脖子有着近乎疯狂的着迷。战俘营中威震四方的幸田在晚年却有着极为悲凉的结局,被称为杰出军人的他被子女遗忘在一个年久失修的公寓内,银行账户中的大笔存款也被女儿提走,家人对

---

[1] R. Flanagan, *The Narrow Road to the Deep North*, p. 340.
[2] R. Flanagan, *The Narrow Road to the Deep North*, p. 129.

幸田的过往却漠不关心,拒绝向采访者回答关于幸田的一切。最后,幸田被他人发现时,已经死去很多年了,被分解的尸体流出的液体在床单上留下厚重黏滞的污迹。在幸田的床头,放着一本松尾芭蕉的书——《深入北方的小路》,书签页写着"日日夜夜都是永生的行者,逝去的年份也是如此"①,充满着禅意的诗句似乎在诉说着幸田对待生与死、输与赢的态度,也暗示着他与生命的和解。小说中另一位朝鲜籍日本军官崔胜民是全书中最凶狠的角色,杀人如麻的他被战俘们称作"巨蜥",对战俘们丝毫没有怜悯之心,但战争过后,随着崔胜民的身份被一点点揭开,他的悲剧人生底色也逐渐显露。出身贫寒的崔胜民为了每月的五十元薪水为日本人卖命,在日本人的军营里接受严格的训练,日本军官凶狠残暴的行事风格深深影响了他,于是他在对待战俘时变本加厉。但是战后的他成了战犯被处以绞刑,妹妹在"二战"中成了日本军人的慰安妇,生死不明。更悲哀的是,直到死前崔胜民都没有形成自己的民族认同感,对自己的国家朝鲜毫无依恋,对日本人心怀憎恨,唯一惦念的是日本人欠自己的五十元薪水。弗拉纳根对战俘营中处于"错误"一方的日本军官进行了深刻的人性剖析。历史只是冰冷地记录战争的胜负,对于身处其中的渺小个体的命运却常常忽略,通过对战俘营中敌对双方人物战前战后深入的性格刻画和人性剖析,作者扩大了叙事范围,展现了人物的复杂人格。对与错、好与坏的边界在小说的结尾逐渐模糊,过往铁板一块的历史结论在小说中得到重新审视,与作者的主观意识一起拼凑起历史角落的故事。

新历史主义认为"历史是一种诗意的虚构的叙事话语,对它的阐释是修辞性的"②,人们总是通过文本间接地了解历史,《深入北方的小路》通过多种叙事策略,在聚焦小说不同人物的命运中揭示出小说的主题。通过采用非线性的叙事方式,实现过去与未来、想象与现实的切换,多条故事主线也由此展开。反讽的运用也使得主题更加深化,日本军官饱读诗书,看似文明之人,却有着野蛮无耻的行为,这是作者对"二战"中日本暴行的谴责,体现了作者反对战争、同情苦难人群,并关注个体命运在历史中的浮沉。

---

① R. Flanagan, *The Narrow Road to the Deep North*, p. 378.
② 王一川:《文学批评教程》,北京:高等教育出版社,2009 年,第 161 页。

在文本的历史中反思时代悲剧

"'文本的历史性'即个人体验的文学表达总是具有特殊的历史性,总是能表现出社会与物质之间的某种矛盾现象"[①]。小说的背景设定在"二战"时期,日本对外侵略野心勃勃,企图建立"大东亚共荣圈",对东南亚丰富的自然资源进行掠夺,并奴役当地人民,以期将美国势力挤出亚洲,独揽亚太事务,建立自己的势力范围。占领了马来西亚、新加坡、菲律宾等地之后,缅甸便成了日本另一个重要目标,其直接目的是切断中国与西方盟国陆上运输线——滇缅公路,切断中国的对外联系通道,以迫使中国屈服,并伺机进犯印度[②]。"死亡铁路"的修建便是在这样的背景下被提上日程的,日军将大批澳大利亚战俘送去修建泰缅铁路,而弗拉纳根的父亲便是众多战俘中的一员,幸存的父亲在战争结束后回到澳大利亚,于是这段苦难与血腥的历史便有机会通过父亲的讲述重见天日。正如弗拉纳根所言,自己是"死亡铁路"的孩子,正是因为对这段历史有着间接的参与,因此小说出版后即被认为是"弗拉纳根生来就注定要写的一本小说"[③]。

"新历史主义把现实加以历史化,把过去加以现实化。过去塑造现在,而现在也重释过去"[④]。《深入北方的小路》的创作离不开历史的阴影创伤,但小说本身对战争的叙述也在无形中建构着历史,书写着微观个体在历史洪流中的人性光辉。军医多里戈·埃文斯作为小说的主人公,在战俘营中是战俘们的"精神领袖",负责治疗伤员及挑选出健康状况合适的战俘去修建铁路,他不忍心看到奄奄一息的战俘去"死亡之路"上送死,于是与日本军官讨价还价,尽量让最少的战俘去工作,为战俘争取更多生还的可能。当厨房的勤务

---

① 王岳川:《后殖民主义与新历史主义文论》,济南:山东教育出版社,1999年,第185页。
② 高芳英:《"二战"期间日本对东南亚的侵略、奴役和掠夺》,载《苏州大学学报》,1995年第3期,第21~23页。
③ http://www.barnesandnoble.com/w/the-narrow-road-to-the-deep-north-richard-flanagan/1117541928
④ 王岳川:《后殖民主义与新历史主义文论》,济南:山东教育出版社,1999年,第187页。

兵将一块牛排端到他的跟前时,饥饿难耐、好久没有吃上一顿像样的饭的多里戈却不忍心独自享用牛排。在物资极度缺乏的战俘营中,很多战俘都患上了由饥饿导致的疾病,多里戈确信没有人会因为他吃了牛排而心怀不满,但他还是将牛排作为对自己的考验,他对牛排的渴望是疯狂的,"唾液如洪水般充满他的口腔,他大口咽着口水。他怕自己会发疯,或者以某种可怕的或颜面扫地的方式崩溃。他知道自己的灵魂还未经过淬炼,给不了他们现在所需要的,这是他成为一个合格成年人的条件。但现在他发现他成了几千人的领袖,在这些人的推动下,他变得不像他自己……他们是日本人的俘虏,而他是他们希望的囚徒"①。多里戈对弱者有着极强的怜悯之心,费尽全力抵挡牛排的诱惑,将它分给战俘们。在战俘营中,作为一名军医,多里戈救死扶伤,关心战俘的生活,从这个角度来讲,他是战俘们的英雄。但是,多里戈本人却并不喜欢成为英雄似的人物。战俘营中的多里戈表现的是高尚的一面,但他的其他人生经历却让我们看到英雄的另一面。多里戈在进入战俘营之前经历过一段刻骨铭心但却违背社会伦理的爱情。与叔叔的妻子艾米的一次邂逅,让他无可救药地陷入一段不伦恋,尽管已经有了未婚妻艾拉,但是爱情还是驱使他不顾一切地放弃现有的生活。战争的爆发改变了原有的生活,在战俘营中的多里戈对艾米日夜思念,但艾拉在写给多里戈的信中却谎称艾米已死,这让多里戈心如死灰。战后的他与等待自己多年的艾拉结婚,并且到处接受采访,成了名人。本以为艾米已经死去,多里戈却在某天傍晚在悉尼港口大桥散步时,再次看到了艾米,但这一次他没有选择去打扰她,与艾米再次相遇又再次错过,多里戈在那一刻才明白"此时活着的是她,死了的是自己"②。

故事的最后多里戈华丽的外壳下只剩空洞与虚无,修建"死亡之路"时灰蒙蒙的天空经常浮现在他的脑海,临死前的冥想又让他重新回到了战俘营,这也暗示着多里戈一生都没有摆脱战争带来的阴影,人生留下了悲剧的底色。战俘的领袖多里戈并不是完美无瑕、无所不能的,就像传统历史展现出非黑即白的历史人物一样,小说中的英雄被还原到现实中,也有着人性的弱

---

① R. Flanagan, *The Narrow Road to the Deep North*, pp. 53~54.
② R. Flanagan, *The Narrow Road to the Deep North*, p. 431.

点,英雄的行为是一个普通人在极端情况下内心挣扎斗争的结果。

日军在"二战"中的暴行是个不争的事实,但在小说中,弗拉那根似乎并没有试图从对立和批判的角度来审视日澳关系,小说中的日本人形象也并没有因为作者的民族情结而被刻意抹黑。一方面,对日本军官的详细刻画,呈现具有复杂人格甚至是被利用者的军官形象,他们没有自我意识,只是执行天皇命令的工具,可憎与可悲并存,使得小说有着多角度的阐释可能。例如,在死亡铁路上,中村虽然扮演着万恶不赦的暴君形象,但是战后其赎罪般的表现却让人看到铁血军人柔情的一面;崔胜民在战俘营中对待澳大利亚人有多残酷,自己实际的身份就有多卑微,当人生的 AB 面逐渐展开,崔胜民不仅可憎可恶,更可怜可悲。同样,澳大利亚人在战俘营中的形象也并不完全是高尚的:伽迪那虽然有善良的一面,但是却喜欢小偷小摸,性格狡猾;多里戈在战俘营是大家的领袖,但是却在婚姻中玩弄感情。因此,澳大利亚人的形象在小说中并不是完美无瑕的,日本人的形象也不是单纯只有邪恶的一面。荷兰学者伊恩·布鲁玛评价道,"令这部小说尤为有趣的是,无论日本人在战争中的行径多么残暴,他们并没有被简单地描绘成彻头彻尾的恶棍来衬托澳大利亚人的文明体面。日本人对世界的看法,他们的宗教信仰、武士道精神与别人不同,这是肯定的"①;另一方面,弗拉纳根在文中多次引用日本俳句,借用日本文化元素为小说增添东方文化的哲学韵味。在小说每一章节的开头,作者都会引用日本诗人松尾芭蕉或小林一茶的俳句来作为本章的标题,并在小说中借助日本文学来试图探讨生存与苦难、爱情与人性。小说主题内涵丰富,不仅是关于战争与爱情,也是对人性的反思。多里戈喜欢文学,参与"二战"之前曾经读过日本 18 世纪的俳句诗人之水临死前作的一首诗——一个用毛笔画下的"圆",就像是"被困住的虚无,没有结尾的谜团,没有长度的宽度,巨大的轮子,永恒的轮回;圆圈是线的对立面,是死者嘴里含着的银币,用来付给冥河摆渡人"②,诗的意义对他而言是未知的。而这个圆圈在多里戈死前最后一刻再次出现在眼前,他感到自己慢慢变得虚无,似乎明白了圆

---

① http://www.dfdaily.com/html/1170/2014/11/16/1204881.shtml.
② R. Flanagan, *The Narrow Road to the Deep North*, p.29.

圈所代表的含义，模糊中看到了死神，嘴里甚至尝到了银币的味道。弗拉纳根在小说中擅长通过跨文化的方式，借助东方哲学来探讨小说的主题，并将其融入创作中。弗拉纳根并不打算将此书作为抨击日本民族在"二战"中暴行的武器，对日本昔日暴行进行谴责，与之相反，在作品中的思考与拷问中，作者反思的是个体的苦难与脆弱，战争的虚无与残暴。

结　语

新历史主义关注文本产生的经济、政治、社会等因素，认为历史是在现实条件的基础上形成的文本，它作为一种叙事，并不是客观的、透明的、已知的，而是带着书写者的主观情感和偏好的，而这些文本和话语同时也会形成文化，参与历史建构。《深入北方的小路》通过回顾"二战"中"死亡铁路"的修建，记述战俘营的每一方参与者从战争开始到战争结束的生活，让人们看到微小的个体生命在历史洪流中挣扎的身影。在历史的文本和文本的历史中，我们不仅看到了苦难、虚无，也看到了可以多角度阐释的历史，历史人物并不是非黑即白的存在，而是具有复杂的人性，作者想要关注的不只是战争本身，更是战争给平凡人带来的影响其终生的苦难与阴影。

小说中"人性的怯懦与顽强、残忍与柔情、丑恶与美好如同复调般展开，作家超越单纯的民族与道德层面，从战争的本体出发，明确地站在人道主义立场上探究人性，并以人性的关怀和悲悯为基准来审视战争"①。《深入北方的小路》的独特之处在于，从无数个原本历史中"无足轻重"的小人物出发，通过讲述战争为历史边缘人物造成的苦难和创伤，来反思战争，反思人性。弗拉纳根对"死亡之路"这段历史的反思是作者对战争的谴责、对和平的期待，也是对战争中遭到摧残的个体生命的同情。这部书不仅是献给父亲的，也是写给无数像作者的父亲那样，在历史中忍受奴役与苦难，但在历史的书写中却被遗忘的普通人。

---

① 徐阳子、彭青龙：《战争与爱情的澳式书写——解读理查德·弗拉纳根长篇小说〈曲径通北〉》，载《外语学刊》，2017年第2期，第120页。

移民后记忆视域下《祖先游戏》的创伤和认同研究

赵 筱[①] 詹春娟[②]

引 言

"白澳政策"的实施导致澳大利亚产生了移民问题。作为一个典型的移民国家,移民群体如何走出创伤历史,找寻自我认同和集体认同,一直是澳大利亚文化建构的题中之意。1973年"白澳政策"几经调整最终被废除,澳大利亚政府开始推行"多元文化政策",此举虽在政策层面终结了种族主义,为多元文化社会的建构提供了政策基础,但"白澳政策"的遗留伤害仍在影响着澳大利亚移民身份认同的构建。有赖于多元的政治及文化语境,移民群体的创伤及认同问题在澳大利亚社会各界受到了广泛关注,作家们也开始投身于对移民身份认同困境的研究中,他们参照个人和父辈的移民创伤经历,以移民后裔的身份言说记忆、书写历史,以期通过文学书写的方式弥合记忆断层,战胜"代际幽灵",形塑持续的移民身份认同,由此在澳大利亚形成了移民书写的浪潮。

在这股书写记忆与历史的浪潮中,澳大利亚当代作家亚历克斯·米勒(Alex Miller,1936—)作为典型代表之一,在代表作《祖先游戏》[③](*The Ancestor Game*)中不仅关注单一移民群体的身份困境和认同诉求,而且创造性地将不同移民群体相似的身份认同困境并置于多元文化的语境中,主张以

[①] 赵筱,安徽大学外语学院2019级在读研究生,研究方向为澳大利亚文学。
[②] 詹春娟,安徽大学外语学院副教授、安徽大学大洋洲研究中心主任,研究方向为澳大利亚文学。
[③] 《祖先游戏》,又经李尧译作《浪子》。

一种和解的姿态面对移民创伤经历,并鼓励移民群体积极参与到澳大利亚社会的文化记忆建构之中,向读者展示了"创伤后意识"时期"由个人到集体,从分化到融合"的移民身份认同构建之路,从文本层面和现实层面为移民身份认同困境的解决提供了可行之径。本文立足于移民后记忆视域,关注《祖先游戏》中移民后代的创伤与身份认同,从移民后记忆与代际创伤延续、选择性创伤与族际关系的滞后、记忆的修复与移民群体认同的构建三个层面,探析澳大利亚移民身份认同问题的症结及解决途径,为澳大利亚种族和解与澳大利亚国民属性认同建构提供价值观照。

一、移民后记忆与代际创伤延续

后记忆(postmemory)这一概念是由大屠杀文学研究学者、历史学家玛丽安·赫希首次提出,用来描述创伤事件的亲历者(特别是大屠杀幸存者)的第二代(或后代)的记忆。移民后记忆是后记忆研究下的一个特定命题。赫希在其著作 *Family Frame*: *Photography Narrative and Postmemory* 中指出,虽然后记忆在研究早期指"大屠杀后记忆",意指犹太大屠杀非亲历者对于屠杀事件的滞后记忆,但后记忆并不是大屠杀幸存者后代所特有的,随着研究的深入,赫希将后记忆的意指范围扩大,认为后记忆也"可以有效地描述其他文化或集体创伤事件和经历的二代记忆"①,为后记忆研究场域的扩大起到了关键作用。其中,苏珊·鲁宾·苏雷曼(Susan Rubin Suleiman)在1999年发表的 *Reflection on Memory at Millennium*: *1999 President Address* 一文中,将后记忆运用于后殖民流散人群。之后,加拿大学者吕燕在《离散族裔的创伤与后记忆》一文中,将关注点进一步聚焦于移民群体,关注移民背景下,华裔移民后代与父辈创伤经历之间的联系。在《移民"后记忆"阴影下的自我重建》中,学者程梅通过后记忆的概念延伸,将移民产生的创伤与"后记忆"的概念杂糅,认为移民后的"身份错位、文化失根"本身就是赫希定义的"创伤事件"类型之一,因此,基于移民创伤事件,移民后代所拥有

---

① Marianne Hirsch, *Family Frames*: *Photography, Narrative, and Postmemory*, p.22.

的"第一代移民传给第二代移民的间接记忆"①就是"移民后记忆"。

"移民后记忆"作为"后记忆"关照移民群体的特定命题,保留了"后记忆"本身的代际传递特点。从表现形式上而言,移民后记忆"一方面由于隔代发生的缘故而有别于个人记忆,另一方面也因为有着深刻的个体关联而不同于历史"②,因此,移民后记忆作为"一种非常特殊的记忆方式"③,在内容上具有间断性、间接性和再生性;又由于时空的阻隔,具有时间上的滞后性。一方面,"移民后记忆"与过去之间存在着必然的记忆的断裂和缺失;另一方面,"移民后记忆"又始终存在着一种"矛盾的延续性",主要体现在创伤经验的代际延续。记忆的断裂导致创伤事件的非亲历者只能通过"想象、投射、创造而不是通过回忆、回想"④形塑记忆,由此形成有别于移民亲历者记忆的"移民后记忆"。拥有"移民后记忆"的移民后代们既不能像创伤事件的亲历者一样拥有完整的记忆和释然的可能性,却又始终承受着来自父辈的创伤经验,生活在"移民后记忆"的阴影之下。

《祖先游戏》文本错综复杂,米勒以斯蒂文的视角,将来自不同时代、不同民族、不同国家的故事进行串联,展演了移民创伤经历对移民后代的影响。主人公们的移民创伤经验来自不同种族、不同国家,却有着极大的共通性。无论是斯蒂文、浪子还是格特鲁德,都继承了父辈创伤经验,并通过"想象、投射"成为了自己移民后记忆的创造者。父辈移民带来的"文化失根、生存错位"等创伤导致父辈对移民经历缄默不语。移民记忆在代际传输过程中产生断裂,但创伤经验却保留了下来。

以斯蒂文为例,他的父亲是苏格兰人、母亲是爱尔兰人,在斯蒂文年幼时一起居住在英格兰。文本以斯蒂文的视角叙述,极少谈论父辈移居英格兰的具体经历,但记忆总是以其他的表现形式提醒着后代创伤的存在。比如一家

---

① 程梅:《移民"后记忆"阴影下的自我重建》,载《外国语文》,2015年第5期,第22页。
② Karein Goertz, "Transgenerational Representations of the Holocaust: From Memory to Post-Memory", *World Literature Today*, No. 1, 1998, pp. 33~38.
③ Marianne Hirsch, *Family Frames: Photography, Narrative, and Postmemory*, p. 22.
④ Marianne Hirsch, "The Generation of Post-memory", *Poetics Today*, No. 1, 2008, p. 107.

三口不同于常理的冷漠。提到父亲时,斯蒂文总是想到罗伯特·彭斯(Robert Burns)的 *Tam o' Shanter*。记忆中的父亲无数次用颤颤巍巍的声音念这首诗,仿佛要"朗诵他心目中的朋友和英雄"①,希望用这种方式来对抗移居他地的"文化失根"创伤,以期能在其中找寻认同。由于父辈对创伤事件的缄默、逃避和"不可言说",在斯蒂文的童年里,他并不能理解父亲读诗这一举动。移民后代对创伤事件没有直接的记忆,始终生活在父辈对于创伤事件记忆的阴影之下。年幼的他深受其影响,甚至模仿父亲一遍遍读诗,期待能从中得以体会和补全。正如赫希所说:"他们伴随着出生前的事件长大,既无法理解也不能完全想象出上一代的创伤经历,但自己后来的生活却被这件事情占满了。"②

然而,这种通过投射与想象而形塑的移民后记忆并没有将斯蒂文从失根的困境中解救出来。由于时空的滞后性,真实的事件经历无从考证,斯蒂文另寻他径,企图通过斩断自己与父辈创伤记忆的联系,移居新国家形塑新的认同来逃避"移民后记忆"的影响,然而后记忆代际创伤的延续把斯蒂文引向了更为痛苦的创伤之中。父亲去世后,斯蒂文孤身一人回到澳大利亚,期盼能忘记父辈创伤经历的影响开启新的生活,然而父辈的记忆却总以各种形式出现,他始终生活在父辈的"移民后记忆"阴影之下,直到浪子和格特鲁德的出现,才使事情出现了转机。"我们身上总有一种东西,一种作为苏格兰人和中国人特有的东西"③。"我们无论怎样煞费苦心,也不会失去这些东西。别人不管怎样绞尽脑汁也装不出来"④。浪子一语道破了长期困扰斯蒂文的创伤根源,也道出了自己的创伤症结所在。一个人永远不可能真正地与祖先文化决裂,因为只有直面创伤,接纳并承父辈经历对子辈的影响,才能真正地将过去的经历与现在联系起来,消灭记忆传输过程中的"代际幽灵",弥合记忆断层,从而彻底疗愈创伤,建构自我身份认同。

在《祖先游戏》的书写中,米勒并没有囿于单一人物的"移民后记忆",而

---

① 亚历克斯·米勒:《浪子》,李尧译,青岛:青岛出版社,2017年,第15页。
② Marianne Hirsch, *Family Frames: Photography, Narrative, and Postmemory*, p.22.
③ 亚历克斯·米勒:《浪子》,李尧译,青岛:青岛出版社,2017年,第21页。
④ 亚历克斯·米勒:《浪子》,李尧译,青岛:青岛出版社,2017年,第21~22页。

是将多个国家的移民后代的"后记忆"并置于澳大利亚多元文化语境中。斯蒂文、浪子与格特鲁德的相似经历为彼此的救赎提供了可能性,斯蒂文通过追溯浪子与格特鲁德父辈的移民经历,得知了移民过程中的种种创伤经历,由此逐渐理解父辈创伤,与父辈创伤经验和解,得以建构起更为完善的自我身份认同。正如米勒曾在另一部小说中写道:"也许是置身于这些片段之中,我们才能把它们弥合成一个整体的意义。"[1]碎片化的"后记忆"也从来不是孤立的。诚如学者所言,"从'片断'到'整体',历史从来不是唯一的"[2],把握"移民后记忆"在移民背景下对移民自我认同乃至群体认同的影响,对解决移民群体"失根"问题具有关键意义。

二、选择性创伤与族际关系的滞后

"移民后记忆"不仅是个人的更是集体的。追本溯源,澳大利亚移民身份认同困境不仅仅是移民后记忆中记忆断裂和创伤延续造成的,更是白澳政策下移民群体"选择性创伤"(chosen trauma)作用的产物。选择性创伤是由美国学者沃尔坎提出,用来描述事实性的人为灾难在群体中沉淀为集体的负面情绪,给群体造成巨大的心理创伤的概念。换句话说,选择性创伤的形成需要两个基本条件:一是人类群体间伤害行为产生了事实的创伤,二是创伤被沉淀为群体的负面情绪。正确认识和处理选择性创伤在族际关系中的影响,对澳大利亚移民身份认同的构建具有重要的学理意义。

"淘金热"时期,大批移民涌入澳大利亚。随之涌入的亚文化对澳大利亚白澳政策下白人文化一统天下的局面产生了威胁。诚如黄源深教授对"淘金热"时期华人文化的大批涌入对澳大利亚文化方面作用的描述,"当时的土著文化已根本不可能构成与欧洲(英国)文化传统相抗争的局面。然而,随着淘金热潮而到来的亚洲(中国)文化却变得日益强大起来。……在一些淘金人

---

[1] 亚历克斯·米勒:《别了,那道风景》,李尧译,北京:人民文学出版社,2009年,第244页。
[2] 詹春娟:《超越和重构——〈别了,那道风景〉中的后记忆和创伤研究》,见《大洋洲文学研究 第5辑》,2018年,第19页。

集中的城镇,中国文化已成为一股强大的文化力量与英澳文化并存"[①]。白澳政府为了消除威胁,在"维多利亚殖民区通过了澳大利亚历史上第一个排华立法"[②]。政府企图"通过禁止亚洲人和太平洋岛岛屿居民移居澳大利亚,驱逐男性劳工出境以及歧视居住在澳大利亚的亚洲人和太平洋岛屿居民(包括毛利人)等方法,维持欧洲人在澳大利亚社会中的绝对优势"[③]。这种由白澳群体发出、对象为移民群体的伤害,在移民群体内部沉淀为负面情绪,形成了选择性创伤。选择性创伤对族际关系的影响可以分为两个层面。一方面,选择性创伤作为一种特殊的记忆,其中的负面情绪会使"施害者"与"受害者"群体间产生分化,阻碍族际交流;另一方面,选择性创伤会成为群体认同的内容和纽带。白人文化的排他性及移民的种种苦难经历都使得非英国移民群体根本无法融入主流文化之中,无法在澳大利亚社会中获得认同。凤作为家族的一代移民,抱着"变成一个富人"的希望,义无反顾地背井离乡,踏上了澳大利亚的土地。可是,由于白人文化的排他性,他无法参与到白人社会之中,而是与一个土著人和另一个爱尔兰移民共同生活在主流社会的边缘地带,饱受文化失根的痛苦。相似的苦难经历在移民群体内部沉淀而成的负面情绪形成了移民群体的选择性创伤,而选择性创伤对群体内部的弥合作用将三人紧紧相连,组成一个微型移民社会,使其在共同的苦难与仇恨中寻求到了群体认同。他们创造出了一种"盖尔语、福建话和英语的大杂烩","只有他们三个人能听懂"[④],鲜少与外界沟通。不可否认的是,这种群体认同确实是通过单一地记忆创伤历史,强化选择性创伤所带来的群体负面情绪,从而在与"施害者"群体的分化中形成更加强烈的"受害者"群体认同感而建构出来的。然而,通过分化"受害者"与"施害者",在负面情绪中寻求认同并非长久之计,对移民群体与澳大利亚主流群体的交流、族际关系的发展都具有消极的滞后作

---

① 黄源深、陈弘:《从孤立中走向世界——澳大利亚文化简论》,杭州:浙江人民出版社,1993年,第34页。
② 张秋生:《"白澳政策"的兴衰与二战后澳大利亚对华移民政策的重大调整》,载《八桂侨刊》,2014年第1期,第14页。
③ Manning Clark, *A short History of Australia*, New York: American New Library Press, 1980, p.196.
④ 亚历克斯·米勒:《浪子》,李尧译,青岛:青岛出版社,2017年,第223页。

用,使移民群体始终无法走出负面情绪,真正融入澳大利亚社会,获得社会认同感。

因此,澳大利亚移民身份认同重建的问题不仅应聚焦于对于个人移民后记忆的修复及个人认同的建构上,还应聚焦在如何处理造成选择性创伤的事实伤害在移民后代集体中沉淀为负面情绪的问题上,以解决双重困境,建构澳大利亚移民的集体认同。其中,究竟是选择遗忘还是选择记忆对移民群体重建群体身份认同与再定位至关重要。关于如何走出暴力历史,学界众说纷纭。在记忆文化研究早期,记忆与遗忘处在两极对立的状态下。以梅埃尔为代表的一派崇尚遗忘政治,认为"记忆不再是防止暴力重演的途径,相反,恰恰是这些记忆行为使得那些摧毁性的力量一直保持活力"①,因此得出结论,"如果记忆的过程充满仇恨和报复,那么只有遗忘才可能平息双方的冲突"②。然而,正如阿斯曼所说,"遗忘的过程只有在严格的条件下才能促成和解:遗忘的过程必须有双方的参与,参与的双方必须通过遗忘卸下过去的负担"③。而双方力量的悬殊会导致整个遗忘过程的严重推迟,此时,记忆在民族认同中发挥的作用就尤为明显。比如以色列社会就在"二战"后施行记忆政治,凝聚了民族认同。然而,单一的遗忘或记忆策略都具有片面性,随着记忆研究的不断发展,记忆与遗忘的二元地位受到质疑。马格利特认为记忆与遗忘并非非此即彼的二元关系。实际上遗忘和记忆并非相互排斥的两种实践,相反,它们会不时地彼此更替,形成二者交叉的情况。纯粹的遗忘或纯粹的记忆都无法让人们彻底地走出过去,只有关注"选择性的遗忘和片面的、过渡性的记忆"④,以遗忘为终极目的才能摆脱曾经的阴霾,面向和解的未来。对新一代澳大利亚移民后代来说,只有采取"过渡性记忆"的方式,才能

---

① 阿莱达·阿斯曼:《记忆还是遗忘:如何走出共同的暴力历史?》,王小米译,载《国外理论动态》,2016年第6期,第27~28页。
② 阿莱达·阿斯曼:《记忆还是遗忘:如何走出共同的暴力历史?》,王小米译,载《国外理论动态》,2016年第6期,第28页。
③ 阿莱达·阿斯曼:《记忆还是遗忘:如何走出共同的暴力历史?》,王小米译,载《国外理论动态》,2016年第6期,第36页。
④ 阿莱达·阿斯曼:《记忆还是遗忘:如何走出共同的暴力历史?》,王小米译,载《国外理论动态》,2016年第6期,第37页。

摆脱"受害者"负面情绪,走出暴力历史记忆。只有当记忆过去不是为了仇恨,而是为了在补全历史文化记忆的基础上与创伤经验和解,澳大利亚移民群体才能最终达到彻底的遗忘与和解,从而才能有望建构移民群体持续的身份认同,融入国民属性建构的浪潮之中。

三、记忆的修复与移民群体认同的构建

面对旅澳移民在个人层面与集体层面的双重认同困境,米勒在《祖先游戏》的书写中跳脱自身移民身份的束缚,通过对史蒂文这一角色的投射与塑造,创造性地将不同移民群体相似的身份认同困境联结,并置于多元文化的语境之中,分别在文本层面和现实层面为移民认同困境的解决作出了普适性的价值观照。

首先,米勒在书写中关注不同民族、不同国家移民后代的"移民后记忆",通过文本的含混性,从人物的融合、时空的并置、三个文本的关照性三个层面填补了代际传输中记忆的断层,在文本层面对记忆的断层进行修复与补全,解决了移民个人失根的窘境,展演了一条"由个人到集体"的记忆修复之路。前文提到,后记忆充满"矛盾的延续性"。而其中的矛盾所在即为创伤经验的继承和创伤记忆的断层。创伤事件的非亲历者只能通过"想象、投射、创造而不是通过回忆、回想"[①]来弥合记忆断层,治愈创伤,建构持续的自我认同。这种"想象、投射与创造"在《祖先游戏》中是通过文字(尤其是文本书写的含混性)来实现的。

文本的含混性对记忆的修复首先体现在人物的融合上。《祖先游戏》包含多个主要人物,使读者不禁思考,究竟谁才是米勒想要选取的主角。是作者在文本中的投射、文章的叙述者斯蒂文,还是凤家的第四代浪子,抑或是澳大利亚本身? 在多元文化政策下,大批移民涌入澳大利亚。他们都共同面临着"从哪里来""将要往哪里去"的关键问题。包括澳大利亚国家本身也面临着"如何处理与'母国'关系"的问题。主角的含混性、复杂性将不同人物的创

---

① Marianne Hirsch,"The Generation of Post—memory", p. 107.

伤经验融合,将个体创伤经验引入认同领域。杰弗里·C.亚历山大提出的文化创伤(Cultural Trauma)概念很好地解释了创伤事件的事实伤害进入身份认同层面所产生的影响,换句话说,"当个人和集体觉得他们经历了可怕的事件,在群体意识上留下难以磨灭的痕迹,成为永久的记忆,根本且无可逆转地改变了他们的未来"①时,创伤事件的伤害影响到了集体认同,就会形塑成集体性的文化创伤。由个人到集体,米勒借以主角的含混性,将《祖先游戏》中澳大利亚移民的个人失根、远离家乡的移民后记忆提升到了整个多元化的移民群体的集体文化失根和生存错位的高度,形塑了普适性的集体创伤经验。而主要人物之间的相似性,使得人物之间相互映照,浪子与其祖先凤一相似的相貌、相似的流散命运,斯蒂文与浪子相似的移民后记忆与创伤经验,以及作者米勒在斯蒂文身上的投射等,人物之间的互文性与关照性将不同人物的创伤记忆杂糅并置,将个人碎片化的"移民后记忆"上升到了移民后代群体后记忆的层面。由碎片到整体,由个人到群体,文化记忆的建构为超越断裂的代际记忆,战胜移民群体文化创伤,走出碎片化移民后记忆的阴影,建构持续的身份认同提供了可行之道。

其次,时空的并置也体现着文本的含混性对记忆断层的弥合作用。米勒在《祖先游戏》中打破了线性叙事的模式,将不同的时空、地域并置,使其交错出现,将碎片化的记忆整合,达到了一种空间化的叙事效果。《祖先游戏》中涉及三个历史时期,分别是19世纪50年代"淘金热"时期、20世纪30年代日本侵华战争时期、20世纪70年代澳大利亚多元文化政策时期。故事在三个时代的背景下交错展开,形成了澳大利亚发展历程的隐喻。"作为世界文化的一部分,澳大利亚的发展主要经历了三个阶段:土著文化阶段、民族文化阶段和多元文化阶段。由于种族主义和狭隘民族主义思想的影响,澳大利亚文化的第一和第三阶段往往被忽视了……"②就澳大利亚而言,无论是土著文化还是移民文化都在澳大利亚文化记忆的形成过程中留下了深刻的影响。

---

① 杰弗里·C.亚历山大:《迈向文化创伤理论》,王志弘译,载《文化研究》,2011年第11辑,第11页。
② 吴慧:《文化记忆及想象视角下的〈祖先游戏〉》,载《上海理工大学学报(社会科学版)》,2014年第4期,第354页。

《祖先游戏》中,米勒将不同时空的故事并置,超越了传统的囿于英国和澳大利亚的叙事模式,将神秘的东方元素、土著文化、非英国的欧洲文化以及美国文化的影响都纳入其中,这部充满了大量事实细节的作品不仅能使澳大利亚读者更加了解东方文化,更是联结过去与现在的纽带,将碎片化的移民后记忆整合成移民群体的文化记忆的同时,将移民群体的文化记忆纳入澳大利亚多元文化记忆中,对澳大利亚移民群体和其他群体弥合记忆断层,建构集体文化记忆,找寻民族认同感至关重要。米勒放眼澳大利亚民族的未来,在《祖先游戏》中,以英格兰为起点,以中国为终点展开叙述。在这个旅程中,斯蒂文通过追溯中国福建冯家四代的家族历史,在其他家族的移民经历中寻求到自我的认同。这种"英格兰—中国"模式也暗示了澳大利亚的视角由欧洲转向亚洲,由崇尚白澳政策到寻求更多的联盟的可能性。

再次,文本的含混性对记忆的补全作用还体现在《祖先游戏》中三个文本之间的关照性上。《冬天里的客人——北半球的生活》、奥古斯特·斯比斯大夫的日记以及《祖先游戏》,三个文本相互关照,在不同角度、不同层面弥补了代际传输过程中的记忆缺失。比如《冬天里的客人——北半球的生活》与《祖先游戏》是同样的篇幅(302 页),以及《冬》与斯蒂文的书是由同一出版社出版的。种种线索映照暗示着不同的移民后代间若隐若现的联系,促进了个人后记忆到集体后记忆的转变。同时,三个文本中对于记忆断层的弥合程度又呈现出层层递进的效果,实现了文本的延续对断裂的记忆之超越。第一个文本是维多利亚·冯对于东方世界的想象与投射。她从未到过中国,却由于骨子里的中国血统在澳大利亚饱含失根之苦,只能靠想象"使心中的忧伤钝化为一种尚可忍受的思念"[1]。而在第二个文本中,通过翻译父亲奥古斯特的日记,"渐渐地以一种潜移默化的方式,她以自己的看法代替了父亲的见解"[2],由此,格特鲁德真实地参与到了父亲的记忆的建构过程之中。此举为斯蒂文弥合记忆断层提供了新的思路。正如斯蒂文所说:"我被父亲吟诗诵词的亡灵所震慑,不敢有所创新,而她却恰如其分地填补了并且重新命名了

---

[1] 亚历克斯·米勒:《浪子》,李尧译,青岛:青岛出版社,2017 年,第 41 页。
[2] 亚历克斯·米勒:《浪子》,李尧译,青岛:青岛出版社,2017 年,第 301~302 页。

先父留下的那片空白,不但心安理得,而且把自己造就成一个艺术家。"①在弥合记忆断层时,适当地加入能动性与创新性,能在一定程度上使后代与先辈记忆联结得更加紧密,有利于填补代际传输中的"记忆真空"。因此,第三个文本《祖先游戏》与前者相互映照,文本的含混性使得其超越了记忆断层的限制,斯蒂文仿佛变成了浪子,在梦境中回到了中国。这种梦境是内心世界的真实反映,回到经历创伤之地,直面过去。斯蒂文以追溯他人家族历史与其他移民外部经历的方法,在含混之中书写创伤的根源。从"不可言说"的沉默到使用文本治愈创伤,从单一文本到多个文本的含混,通过这样的含混与映照,《祖先游戏》不仅解决了个人"移民后记忆"的断裂问题,更为移民群体乃至流散族裔的创伤治愈、认同建构提供了新的路径。

值得注意的是,米勒不仅关注个人层面移民后记忆的修复与补全,而且把整个移民群体的负面创伤情绪——"选择性创伤"纳入讨论的语域。在《祖先游戏》的书写中,米勒关注多元文化政策下移民群体认同的构建与群体定位,通过对不同的政策下移民群体认同策略的转变进行书写,在现实层面为移民群体摆脱群体创伤负面情绪,建构持续的民族认同作出了"从分化到融合"的路径尝试。"1973 年,澳大利亚政府公开声明其移民政策是'全球一致,无人种、肤色和国籍之歧视',并颁布新移民法"②。在多元文化策略下,移民政策由严苛到温和的转变,在吸引更多移民的同时,也将移民群体由社会边缘纳入了多元文化社会之中。多元文化政策一改"白澳政策"时期充满着种族主义的文化独尊与同化面貌,为多元文化的共存提供了政策基础。多元文化语境下,不同于凤一时代的移民群体,凤家四代浪子、格特鲁德·斯比斯和斯蒂文不仅在移民群体中寻求认同,且均积极地参与澳大利亚多元文化记忆的建构。比如格特鲁德,作为画家,她在澳大利亚成功地举办画展,画作"经她的加工成为她自己的日记",生动地再现了祖先记忆中缺失的部分。此外,其积极参与澳大利亚文化记忆构建,弥合了后记忆的断层,对摆脱选择性创伤对族际关系的消极影响具有重要意义。通过书写格特鲁德等移民后代

---

① 亚历克斯·米勒:《浪子》,李尧译,青岛:青岛出版社,2017 年,第 302 页。
② 张秋生:《"白澳政策"的兴衰与二战后澳大利亚对华移民政策的重大调整》,载《八桂侨刊》,2014 年第 1 期,第 15 页。

对于澳大利亚文化记忆建构的积极参与,米勒向读者展示了一条"由分化到融合"的民族认同构建之路,移民群体不再仅囿于边缘移民群体的认同,而是从不同群体间的联结之中找寻更为普适的国民认同。换而言之,澳大利亚作为一个多族裔国家,其多元文化政策除了强调各民族文化的多样性以外,还强调"多样性的统一",强调作为澳大利亚国民的义务,以及作为"一个多元文化的社会里许多在民族、宗教信仰上不同的群体拥有的共同纽带"[1],即作为澳大利亚人的公民意识、国民意识。"根据一种文化、宗教、语言和共同血统来定义共同身份的时代早已过去,我们应当以共同的'公民身份'来构建澳大利亚社会团结与统一"[2]。对于澳大利亚移民来说,他们首先是澳大利亚公民,然后才是中国人、德国人或英国人等。因此,通过书写格特鲁德等移民后代对于澳大利亚文化记忆建构的积极尝试,米勒强调,在澳大利亚移民身份的重建与再定位过程中,国民认同先于民族认同。澳大利亚移民只有找准其在国民文化记忆建构中的定位,才能真正地融入澳大利亚多元文化社会之中。也只有这样,才能在求同存异的基础上减少族际隔阂,实现文明的族际关系。

"从个人到集体",通过文本的含混性对记忆的修复作用,米勒的《祖先游戏》在文本层面解决了移民后记忆的断裂问题,建构了移民持续的自我认同,解决了失根窘境;"从分化到融合",《祖先游戏》关注不同时期移民政策下认同策略的转变,表明了澳大利亚移民群体从单一的群体认同转向在多元社会中寻求认同,通过积极参与国家文化记忆的构建逐步治愈选择性创伤,凝聚了更为深刻的社会认同感,对多元文化策略下族际关系的和解、澳大利亚性的建构具有关键作用,为移民建构持续的集体认同提供了现实层面的路径关照。

---

[1] Adam Jamrozik, Cathy boland, Robert Urquhart, *Social Change and Cultural Transformation in Australia*, Melbourne: Cambridge University Press, 1995, p. 105.

[2] Hurry Irwin, *Communicating with Asia: Understanding People and Customs*, Sydney: Allen & Unwin, 1996, p. 89.

结　论

"移民后记忆"作为"后记忆"语域下的特定话语命题,是由移民创伤经历代际经验传输而形成的创伤性记忆,不仅仅影响、塑造着移民后代个体的身份认同,更影响着从个人到移民群体乃至整个流散族裔群体的身份认同与重建。在《祖先游戏》这部小说中,米勒关注"白澳政策"历史暴力对移民群体的遗留性伤害,聚焦多元文化政策下移民群体的身份困境以及认同诉求,在"移民后记忆"视域下,梳理记忆、创伤与认同的关系,通过后记忆作用机制,展示了一条由"个人到集体、分化到融合"的重建之路,从文本层面和现实层面为移民后代个人、移民群体乃至整个流散族裔寻求持续的身份认同提供了路径参照。当今的澳大利亚移民群体面临着如何面对过去的创伤历史,重新建构持续的身份认同的关键问题,小说《祖先游戏》关于移民群体的讨论,适时地作出了对重建移民身份认同,重构澳大利亚性的积极尝试,显示出移民书写范式的进步意义。正如米勒在文末所说,"那被分割开的景物等待人们去居住"[①],移民在身份的重建与再定位过程中,只有坚持国民认同先于民族认同,才能真正地与创伤记忆和解,融入澳大利亚多元文化社会中。也只有这样,才能在求同存异的基础上减少族际隔阂,实现文明的族际关系。上升的一切终将聚合,澳大利亚移民群体终将以崭新的姿态,融入澳大利亚国民性建构的滚滚浪潮之中。

---

① 亚历克斯·米勒:《浪子》,李尧译,青岛:青岛出版社,2017年,第305页。

《浅滩》中柯布的生态伦理思想探究

李小敏[①] 朱蕴轶[②]

一、引　言

　　蒂姆·温顿于 21 岁发表的第一部小说荣获澳大利亚福格尔奖（Vogel Award），此后他著作颇丰，获奖不断，因此他曾被澳大利亚文坛授予"神童"之称[③]。《浅滩》是蒂姆·温顿首次获得迈尔斯·富兰克林奖（Miles Franklin Award）的作品，该小说包括安吉勒斯、港口、暴风雨及鲸鱼湾四个部分。小说聚焦于安吉勒斯这个小镇捕鲸业的发展历史，小说的高潮是以昆尼为代表的反捕鲸人士与传统的捕鲸人士展开激烈的混战，小说的结尾是成群鲸鱼再次来到鲸鱼湾嬉戏。与血腥的捕鲸场面对比，这种和谐美好的画面给昆尼夫妇带来无比的幸福感，也引起读者对生态环境的深刻思考。

　　作为蒂姆·温顿创作生涯的代表作品，《浅滩》受到了中外文坛众多学者

---

　　① 李小敏，安徽大学硕士研究生，研究方向为澳大利亚文学。
　　② 朱蕴轶，安徽大学外语学院副教授、安徽大学大洋洲研究所成员，研究方向为澳大利亚文学。
　　③ 黄源深：《澳大利亚文学史》，上海：上海外语教育出版社，2014 年，第 383 页。

的关注。他们主要围绕人性[①]、生态思想[②③]、捕鲸业的发展[④]和澳大利亚本土化研究[⑤]等视角,分析文本并且深入挖掘蒂姆·温顿本人的人生观和世界观。小说的生态思想是最突出的研究方向,但是依据发表的论文分析,学者对小说的生态思想探究都是从传统生态学思想的观点出发。其实蒂姆·温顿本人在接受采访时,曾明确指出"真正影响我的很可能是来自生态学的作者,包括(主要是美国的)像约翰·科布和比尔·麦吉本这样深刻的生态学思想家和其他专家"[⑥]。因此,本文从小约翰·柯布的生态伦理思想角度出发,分析小说中"传统捕鲸人士群""隐士老者群",以及"先进反捕鲸人士群"体现的生态伦理思想。在《浅滩》这部小说中,蒂姆·温顿彰显了柯布生态伦理学的宗旨,即只有人类承担应有的生态伦理责任,人与自然才能重建生命共同体,获得共同福祉。

二、柯布生态伦理思想

小约翰·柯布博士是美国人文学院的院士,他于1972年发表了西方世界第一部生态哲学著作《是否太晚?》(*Is It Too Late?*),其一直从事后现代文化、过程研究和生态文明等领域研究。柯布倡导我们应树立跨学科的研究理念,对每个领域进行整体性研究。他既是神学家,又是哲学家,也是经济学家、伦理学家。因此,他的生态伦理思想是受多学科共同影响的结果。

[①] 周红霞、张佩:《从蒂姆·温顿的〈浅滩〉看人性的"搁浅"》,载《西华大学学报(哲学社会科学版)》,2016年第5期,第79~83,98页。

[②] Huggan Graham, "Last Whales: Eschatology, Extinction and the Cetacean Imaginary in Winton and Pash criticism", *The Journal of Commonwealth Literature*, No. 3, June, 2017, p. 7.

[③] 朱蕴轶:《大爱无疆——从〈浅滩〉看温顿的生态伦理观》,见《大洋洲文学研究 第2辑》,2015年,第46~60页。

[④] Turner JP, "Tim Winton's *Shallows* and the End of Whaling in Australia", *Westerly*, No. 1, 1993, p. 79.

[⑤] Beth Watzke, "On the Verge: Place in the Early Fiction of Tim Winton", *Reading Tim Winton*, eds. Richard Rossiter and Lyn Jacobs, Sydney: Angus & Robertson, 1933, p. 15.

[⑥] 刘云秋:《蒂姆·温顿访谈录》,载《当代外语研究》,2013年第2期,第64页。

西方生态伦理思想分为两大派系,即人类中心论和自然中心论。柯布的生态伦理思想不仅继承了两大派系共同的理念——"公正"和"可持续性",而且超越了以往生态伦理思想关于人类中心和非人类中心,个体主义和整体主义,仁慈主义和自然主义的相互对立[1]。过程神学奠定柯布生态伦理思想的知识背景,过程哲学充当柯布生态伦理思想的研究方式。柯布认为,传统基督教关于自然、上帝及人类之间界限的划分,实质是在某种程度上鼓励人类对自然剥削,这是造成生态危机的重要因素。因此,柯布建立过程神学,树立全新的上帝观,即上帝存在于万物,服务自然就是服务上帝,而人类只是自然界的一部分。柯布还是怀海特(Whitehead)的第三代传人,其生态伦理思想继承了怀海特的过程哲学思想。因此,柯布从认识论、本体论,以及价值论方面重建一种生态自然观:避免使用绝对主观唯心主义和抽象的概念来认识自然,自然就会呈现;自然界所有事物都以事件形式存在;万物皆有经验,万物皆有内在价值,经验值越高,内在价值则越高。柯布生态伦理思想的基本主张是重新界定人和自然的生存本质,超越相互对立的生态伦理学纲领,并且借用一套存在等级的价值体系,确定人类在自然中的位置及对自然应该承担的生态伦理责任。柯布将自然比喻为一张生命之网,认为人类与自然组成了生命共同体,我们应该追求与自然一致的共同福祉,解放全部生命[2]。跨学科是柯布生态伦理思想的重要途径,他将生态意识创新地融入政治、经济等现实问题中,以解决生态问题,这将会对世界人类文明发展起到积极的实践作用。

三、柯布生态伦理思想在《浅滩》中的呈现

蒂姆·温顿在《浅滩》中描绘了形形色色的人物,根据个体对待自然的不同态度,本文将其划分为三个形象群,即传统捕鲸人士群、隐士老者群、先进反捕鲸人士群,分析三个形象群的不同作为和不同境遇,以此挖掘柯布在该

---

[1] 王治河、樊美筠:《第二次启蒙》,北京:北京大学出版社,2011年,第5页。
[2] John B. Cobb, Jr. & Charles Birch, *The Liberation of Life*, New York: Cambridge University Press, 1981, p.150.

小说中的生态伦理思想,进而探究蒂姆·温顿的生态伦理倾向。

(一)传统捕鲸人士群:拒绝生态观

传统捕鲸人士群包括镇上明星酒吧的老板哈萨·斯塔茨,房地产商德斯·普斯特林和以捕杀巨鲸闻名的特德·贝尔。他们都是捕鲸产业的强烈支持者,个体的欲望凌驾于生命共同体之上,对外界的生态伦理观嗤之以鼻。

哈萨·斯坦茨十分崇拜捕鲸业,对于反捕鲸组织"大捕捞"的到来,他表达了自己强烈的愤懑之情。他宣称:"正是这些捕鲸工创造了这个国家!"① 那些来自外界的"大捕捞"等环保组织根本不明白捕鲸业对于这个小镇的重要性,连上帝都不能搞走捕鲸业,这个行业是安吉勒斯的魂。哈萨·斯坦茨之所以衷情捕鲸业,是因为捕鲸业可以为小镇带来巨大的经济收益,这展现了人类对财富的贪婪和对自然界的占有欲。究其历史缘由,作为澳大利亚著名历史学家的杰弗里·博尔顿(Geoffrey Bolton)曾记录:"……接下来的两年里,鲸鱼的出口收入超过了羊毛。在新南威尔士的南部海岸,许多企业主开始从事海湾捕鲸业。"② 因为哈萨·斯坦茨冷漠地对待自然,所以最后他被淹死在海里,并且被鱼啃食两天。蒂姆·温顿对于此情节的安排体现了柯布生态伦理思想中"和而不同,相互依赖"的特征。过程哲学强调万物相互联系,相互影响,构成一个有机整体。所以柯布生态伦理思想的"和而不同"指的是一种对他者开放,放弃以自我为中心,关怀他人、弱势群体及自然③。生命因相互依赖而共存,但是哈萨·斯坦茨拒绝开放,拒绝关怀自然,妄想无止境地凌驾于他者之上,所以他的命运注定是遭受毁灭。哈萨不仅代表个体,还代表镇上这样一个群体:他们无情地践踏自然,将自己和国家的利益置于中心,不明白人类与自然是处于相互依存的状态。如果人类不关心自然,不拥抱自然,人类与自然的关系将难以达到和谐的境界,人类种下的恶果最终会反噬自身。

房地产商德斯·普斯特林一直奉行"经济至上主义"原则。他为了开发

---

① 蒂姆·温顿:《浅滩》,黄源深译,上海:上海译文出版社,2010年,第56页。
② 杰弗里·博尔顿:《破坏和破坏者:澳大利亚环境史》,杨长云译,北京:中国环境科学出版社,2012年,第49页。
③ John B. Cobb, Jr. & Charles Birch, *The Liberation of Life*, p. 139.

买地敛财,竟然计划在佩尔牧师退休后贿赂教会,将其当作掩饰和骗税的工具。他不允许"大捕捞"环保组织破坏小镇的传统生活,他也不会考虑鲸鱼抑或自然的生存状况。德斯·普斯特林对敛财的痴迷很大程度来自他父亲本杰明·普斯特林的影响。本杰明·普斯特林作为英国移民的"绅士",之所以可以在短时间内成为安吉勒斯镇的霸主,是因为他为了敛财无所不用其极。20 世纪 30 年代美国发生的金融危机席卷全球,澳大利亚也受到影响。本杰明·普斯特林趁机利用少数的金钱大量从农民手里购置土地,迫使农民成为债务人。当时丹尼尔·库帕曾号召全镇农民与普斯特林抗衡,可是镇上有名望的领袖因为普斯特林的贿赂,出卖了库帕。德斯身上展现的是现代西方社会倡导的"开发"与"竞争"的意识,而柯布认为"经济至上主义"是一种"经济暴力",它以个人利益为导向,造成现今人民挥霍无度的攀比生活模式,这种对商品占有的追求,不但会破坏生态环境,还会影响人类的精神文明[①]。柯布倡导发展一种生态的共同体经济,建设一个适宜人类和其他生物共同生活的环境。《浅滩》中德斯·普斯特林最后一次出场是他开车撞死一只袋鼠,但是他无情地一碾而过,可见德斯·普斯特林的精神已经深陷罪恶的深渊。与此同时,德斯·普斯特林不育无子的命运似乎也在暗示经济至上主义的无果。在柯布的生态伦理思想中,经济并未占据中心地位,经济只是我们达到目的的一种方式。如果经济不能提升人类的幸福感,不能为人类精神带来光明,不能促进人与自然关系的和谐,那这样的经济断不是生态伦理所追求的一种经济状态。

特德·贝尔是安吉勒斯小镇的捕鲸明星。每次在他捕捞庞大的鲸鱼之后,全镇的记者和其他居民都络绎不绝地前来给他拍照,在他们心中,特德·贝尔是英雄一般的存在。在小镇举办周年纪念活动时,特德·贝尔捕获了一条 2700 磅重的大白鲨,在得知这个消息后,镇上庆祝的音乐声、汽车喇叭声响彻天际。无限地攀比捕捞鲸鱼的数量成为居民欢乐庆祝的由头,居民深陷恶性消费的泥淖,他们根本没有考虑海洋的生态问题,展现在读者面前的是

---

① 何慧丽、小约翰·柯布:《解构资本全球化霸权,建设后现代生态文明——关于小约翰·柯布的访谈录》,载《中国农业大学学报(社会科学版)》,2014 年第 2 期,第 22 页。

人类无限的占有欲望。生态资源有限,可是人类的消费无限,将占有多数作为成功幸福的指标是一种扭曲的价值观,而这种价值观普遍存在于当时的西方资本主义社会国家。柯布的生态伦理思想应运而生,其倡导合理消费,反对奢靡等恶性消费行为。后来特德·贝尔在小说最后遭遇了戏剧性的一幕。特德·贝尔在一次出海捕鱼的过程中,差点淹死在海里,最后被昆尼一举救下。讽刺的是,新闻报道标题是"反捕鲸者拯救鲨鱼猎杀者",昆尼这一善举没有换来全镇居民的赞扬,反而扼杀了昆尼之前参与的全部生态环保计划,最后昆尼的环保伙伴们不得已失望地离开小镇。本该让奉行经济至上主义或者人类中心主义的居民深刻反省的事件,却被他们反过来利用驱逐正义的环保者,蒂姆·温顿对这个细节的戏剧性安排使我们更加看清人类的贪婪和罪恶,体现了作者对人类行为的反思以及对和谐生态环境的向往。

(二)隐士老者群:接纳生态观

隐士老者群包括三位老人:钓鱼的迪克和达西,以及昆尼的爷爷丹尼尔·库帕。他们三人虽然对自然怀有同情之心,接纳生态环保的理念,但是他们只能含蓄地秉持个体与自然取向的一致性,没有积极地推动生命共同体的建构。

迪克与达西的存在场所暗指了他们的隐士老者形象。迪克和达西一直在深水码头钓鱼,而码头位于小镇最边缘,远离小镇的喧嚣与吵闹,因此这两位老人在小镇上发生的捕鲸人与反捕鲸人的混战中处于旁观者的位置。但是他们个体采用"公正"的态度对待自然。柯布的"公正"思想体现的是反对消费主义无穷无尽的占有以及对自然资源的无限消耗,其提倡人类应给予共同体更多的关怀,追求人类真正的幸福①。当昆尼夫妇深夜兴起去码头钓鱼时,由于夜晚灯光的吸引,岸边聚集很多鱼群,昆尼不一会儿就会钓到三条鲱鱼。但是迪克和达西从在那儿钓鱼开始就未收获一条鱼,当昆尼问"你们干吗不拉上来呢?"时,两位老人说他们才是"不折不扣的傻瓜"②。初读难得其

---

① 李雪姣:《小约翰·柯布生态伦理思想研究》,北京:北京林业大学硕士论文,2016年,第43页。
② 蒂姆·温顿:《浅滩》,黄源深译,上海:上海译文出版社,2010年,第27页。

解,细品方知其妙,结合柯布的生态伦理思想,可以合理地阐释两位老人的言语和行为。柯布的"公正"思想并不代表为了公众的利益完全牺牲个人的幸福,人类在关心整体利益的同时也关注局部个体的需求①。两位老人在钓鱼这件事上其实并不是试图真正占有鱼,只是通过钓鱼这个行为合理地获得个体追求的快乐。与此同时,他们深切地知道人类与自然万物为生命共同体,伤害破坏自然就是迫害自我。彼时的昆尼夫妇对于他们的行为还难以理解。由此可以发现,小说中偶然出现的老者也是蒂姆·温顿为服务主题刻意为之的细节②。

昆尼的爷爷丹尼尔·库帕独自一人居住在维拉普,这个地方靠近海域,远离安吉勒斯小镇的中心,他如隐士一般居住在此。他对于自然的态度体现了柯布生态伦理思想对非人类中心主义和人类中心主义的超越。非人类中心主义认为人类中心主义是破坏生态环境的罪魁祸首,应该建立一个以自然生态为中心的发展观。人类中心主义则认为人类位于所有事物的中心,拥有意识的人类是主体,自然是客体,并且人类的一切活动应当以人类的利益为出发点和归宿。柯布认为这种观点会造成生态破坏,人类不仅是主体,也是客体,统一于生态自然系统这个整体。自我利益的过度追求不能促进人类自身的发展,个体应当通过承担道德义务来实现主体存在的价值。柯布指出,人类不是宇宙的中心,也不是自然中普通的客体,而是处于"特殊"的位置,其特殊位置要通过承担保护自然的义务来获得③。蒂姆·温顿也深切地了解,人类以自我为中心对自然的无尽掠夺,曾造成严重的生态危机。澳大利亚在20世纪70年代末遭受了一场连年大旱,自然以自己的方式警示人类,破坏自然就是破坏生命共同体的一致福祉。纳撒尼尔·库帕的日记详细记录了捕鲸业的发展历史,以及人类从事这项产业后变得如何残酷冷血,同伴之间如何互相残杀,导致他对上帝产生怀疑,感到生活无比痛苦而自杀。捕鲸的

---

① John B. Cobb & Herman E. Daly. Jr, *For the Common Good*, Boston: Beacon Press, 1994, p. 185.
② 黄源深:《澳大利亚文学史》,上海:上海外语教育出版社,2010年,第389页。
③ John B. Cobb & Herman E. Daly. Jr, *For the Common Good*, p. 50.

恶果也殃及后代,"为什么要爱那么难,被爱也那么难,遵循自然法则也那么难"①?库帕家族的后代都丧失了爱与被爱的能力。丹尼尔·库帕在了解家族史之后,非常痛恨先祖的所作所为。因此,丹尼尔·库帕一直走在救赎自然救赎自我的路上,他没有将自己视为宇宙的中心,同时远离捕鲸的中心,但他也不是完全处于被动的状态,他在用自己的方式发挥人类在特殊位置上的作用。唯一不足的是他并没有勇气向小镇上的居民揭露捕鲸业的恶行,他所能做的就是指引昆尼的丈夫克里夫·库克森来研读祖先的日记,以此了解捕鲸业的血腥。长江后浪推前浪,也许勇敢的后代可以改变小镇居民对自然的态度,逃离人类中心主义,承担起人类的生态伦理责任。

(三)先进反捕鲸人士群:践行生态观

先进反捕鲸人士群包括"大捕捞"环保组织、昆尼和昆尼的丈夫克里夫·库克森。"大捕捞"环保组织唤起了昆尼的生态保护欲,而昆尼的生态实践行为和她家族的捕鲸日记转变了克里夫·库克森的思想,这个先进反捕鲸人士群是蒂姆·温顿笔下对柯布生态伦理思想的积极践行者。

"大捕捞"公司的主要成员有法国人乔治斯·弗勒尔,美国人马克斯和加拿大人布兰特。"大捕捞"是抹香鲸的另一个名字,这种鲸鱼在当时已属稀有物种,生态环保公司是想利用这个名字唤起安吉勒斯镇居民对鲸鱼的保护欲望。这些成员认为鲸鱼也许是世界上最聪明的物种,他们观察过雌鲸如何养育幼鲸,一旦幼鲸被人类捕杀,雌鲸往往会不顾一切前去营救,最终也会被人类捕杀。他们猜想鲸鱼搁浅的原因可能是它们的定位系统出现故障,但是如果有一只鲸鱼搁浅,整个鲸鱼群都会搁浅,因为它们是彼此忠诚友爱的伙伴②。为了不让鲸鱼遭受灭绝的命运,"大捕捞"公司的成员毅然走进了以捕鲸业为生的小镇,他们明白这条环保之路不会一帆风顺。在被居民视为"眼中钉肉中刺"时,他们并没有立刻放弃,而是迎难而上,力求为鲸鱼争取应有的生存空间。这些成员身上展现了柯布生态伦理思想中"解放生命"的理念。柯布提出了新的生命解放口号,他希望我们可以摒弃以往的传统观念,重新

---

① 蒂姆·温顿:《浅滩》,黄源深译,上海:上海译文出版社,2010年,第281页。
② 蒂姆·温顿:《浅滩》,黄源深译,上海:上海译文出版社,2010年,第150页。

认识生命。柯布在达尔文的生命进化理论基础上提出,生命与非生命之间不存在巨大的界限,人类具有主体性,自然同样具有主体性,人类具有价值,自然同样具有价值①。《浅滩》中马克斯认为鲸鱼之于海洋就相当于树木之于荒野,他致力于让人类找到自己的位置,如果我们的后代不知道世界的实际模样,那他们只是半个人。这是对全新的生命概念最好的阐释,人类应该全面了解自然界的生命,尊重整个生命,尊重整个自然,而不是局限于"人类"这个狭隘的生命群体。"大捕捞"生态环保组织的到来,也激活了安吉勒斯镇居民昆尼内心的生态思想,这是她自身以前从未意识到的。

昆尼作为安吉勒斯镇第一个参加"大捕捞"生态环保组织的居民,她的身上闪耀着生态主义的光辉。《浅滩》在开篇就提到昆尼可以听到外面海湾里鲸鱼的做爱声,而且她身体健壮,在水里可以像鱼一样灵活地游泳,甚至连她的丈夫克里夫·库克森都不禁感叹,他的妻子不该为陆地哺乳动物②。在昆尼目睹捕鲸站发生的反捕鲸事件后,她毅然走上保护鲸鱼的道路。在后期与捕鲸船发生正面交锋时,她出于母性,全力守护鲸鱼,可是最后却目睹鲸鱼被捕鲸船船长用炮弹轰炸,鲸鱼遍体鳞伤,浮肿的身体漂在海面。纵使一开始被丈夫不理解,纵使被全镇的居民视为敌人,昆尼仍不遗余力地保护鲸鱼,她是柯布生态伦理思想的积极践行者。人类与自然的其他生物之间没有跨越不了的鸿沟,人类应该作为自然界万物的守护者,而不是残忍的迫害者,人类应该意识到对其他生物赶尽杀绝,就是自掘坟墓。昆尼践行的柯布生态伦理思想还体现了对仁慈主义和自然主义的超越。仁慈主义的代表人物是史怀泽,他认为一切生物皆平等,应该得到同等的重视;柯布认为,仁慈主义的实质是强平等主义,其含有一种强烈的乌托邦色彩。自然主义的代表人物是利奥波德,其倡导照顾较强利益和照顾亲近共同体的责任;柯布认为,这是一种弱平等主义,本质仍是以人类利益为导向。因此,柯布并不同意上述两种观念,认为这两种观念让人类要么在自然界难以生存,要么成为自然界的暴君。我们在实践中需要对不同生命的价值作出判断,在创造价值的同时力求消耗

---

① John B. Cobb & Herman E. Daly. Jr., *For the Common Good*, p. 98.
② 蒂姆·温顿:《浅滩》,黄源深译,上海:上海译文出版社,2010年,第4页。

最小。为了拯救病人可以杀死细菌，为了拯救麻雀可以牺牲小鱼，这就是柯布认同的道德情怀[1]。反观《浅滩》中，昆尼在践行生态伦理思想的同时为了个体生存可以牺牲小鱼，虽然与捕鲸人势不两立，但是在特德·贝尔的生死存亡之际，她伸出援助之手，这才导致反捕鲸人士的计划失败。这样荒谬的安排体现了蒂姆·温顿对柯布生态伦理思想的高度认同，他赞同对不同的生物应有不同的价值判断，既不该将人类置于自然界的中心，也不该将人类特殊的价值模糊化，而应努力为人类在自然界中寻求最合理的位置。

昆尼的丈夫克里夫·库克森对鲸鱼的态度经历了一个动态发展的过程，随着昆尼家族日记的展开和昆尼反捕鲸运动的开展，克里夫·库克森从赞叹捕鲸业的伟大转向与昆尼一起走上保护鲸鱼的道路。前期二人新婚后，昆尼将克里夫带到捕鲸站，彼时他只惊叹鲸鱼的躯体，只羡慕肢解鲸鱼的人，全然没有一丝保护鲸鱼的欲望。为此，昆尼还与他争论一番，夫妻感情因此出现一些隔阂。在昆尼投入反捕鲸的战斗后，夫妻二人的嫌隙越来越大。但是后期随着克里夫对昆尼家族日记的阅读，随着他对捕鲸产业的深入了解，他仿佛见证了"男人之家"捕捞船对于鲸鱼族群的屠戮，也仿佛见证人类在贪婪欲望的驱使下变得心狠手辣，互相残杀。在读完昆尼祖先的日记后，他幡然醒悟，此后与昆尼的关系也渐渐缓和，最后的结局是他们一家三口观看鲸鱼家族嬉戏，画面和谐。作者在结局安排昆尼怀孕的情节，实质在于突出生命共同体的主旨，号召人类承担应负的生态伦理责任，这样我们与其他生物的子嗣才能源源不断，这也是柯布生态伦理思想的主张。每一个人都不是孤岛，彼此之间的命运息息相关，虽然现在你和某个人没有交集，可是以后你们可能是后代共同的祖先；生命与非生命之间也没有不可逾越的鸿沟，彼此的命运也是相互影响[2]。克里夫·库克森作为小镇的移居者，一开始他对妻子昆尼的护鲸之举漠不关心，对昆尼家庭的历史也不甚了解，对镇上发生的事情也冷眼旁观，仿佛自己永远是个局外人。随着对捕鲸日记的深入了解和反捕鲸运动如火如荼地展开，克里夫的命运渐渐与昆尼、与昆尼的家族、与鲸鱼交

---

[1] John B. Cobb, Jr. *Is It Too Late? A Theology of Ecology*, California: Bruce Hills, 1972, p. 33.

[2] John B. Cobb, Jr, *Is It Too Late? A Theology of Ecology*, p. 66.

织在一起,最终克里夫也成为生态观践行者中的一员。蒂姆·温顿旨在呼应柯布关于重建生命共同体,追求共同福祉的号召:人类应将生命的概念从以往划分的等级中解放出来。

四、结　语

蒂姆·温顿幼时便居于海边,时常凝视大海,他曾说过,"我很庆幸我居住的地方离大海从未超过十分钟的车程"[①]。温顿在12岁时随父母移居奥尔巴尼,那里三年的生活让他意识到保护环境的重要性[②]。在他逐渐了解生态学的过程中,美国的生态伦理思想家柯布对其创作影响颇深。通过对《浅滩》中三个不同形象群生命轨迹的分析,本文既探究了柯布生态伦理思想在小说中不同的表现形式,又展现了作者的生态伦理观,即人类应积极构建生命共同体,追求共同福祉。柯布的生态伦理思想为《浅滩》提供了一个新的阐释蓝本,丰富了文本的建构意义。同时,蒂姆·温顿对于柯布生态伦理思想的实践又进一步为人类提供人类一种与自然的对话范式:人类可以回归自然、融入自然、感悟自然,在自然界中准确找到自己的特殊位置。

---

① Beth Watzke, "On the Verge: Place in the Early Fiction of Tim Winton", p. 15.
② 刘云秋:《蒂姆·温顿访谈录》,载《外国文学》,2013年第3期,第150页。

新西兰文化研究

《危险空间》的梦、空间与阴影

俞莲年[①]

新西兰当代著名儿童文学作家玛格丽特·梅喜(Margaret Mahy)1993年发表的青少年成长小说《危险空间》(*Dangerous Spaces*[②])叙述了一位叫安西娅(Anthea)的姑娘,在父母探险遇难后,搬到叔叔家居住,在梦境中与多年前夭折的小叔公的鬼魂相伴去遥远的岛屿,最后摆脱了梦中危险空间诱惑的故事。小说主要围绕主人公安西娅和叔叔家的女儿芙洛拉(Flora)这两个十一岁的小姑娘展开,在梦中,爷爷的鬼魂笼罩着家中的房屋,爷爷的小弟弟亨利的鬼魂也试图带领安西娅去往一个叫作绿岛(Viridian)的地方。小说的时间跨度并不大,但是主人公安西娅却经历了父母离去,搬来新居,与鬼魂同游、被人接纳、接纳他人、接纳新家的艰难心路,这使得这部小说的成长主题尤为凸显。

小说的特别之处至少有三:全篇以极大的篇幅描写主人公的梦境,使得浪漫主义文学传统中梦的主题呈现出非同寻常的寓意;在对空间的描写上着墨甚多,使得现实之地、梦想之地、安全之地、危险空间,成为全篇布局的一个基点;在作品中,人物关系形成镜像联系,他们的互动成为小说情节发展的支撑。本文以这三点来说明小说中的寓意,并最终指出个人成长打破其阴影限制的主题内涵。

---

① 俞莲年,安徽大学外语学院副教授、大洋洲研究中心成员,研究方向为翻译和新西兰儿童文学。

② Margaret Mahy, *Dangerous Spaces*, New York: Viking, 1991. 文中对小说原文的引用均由笔者本人翻译自该版本。

梦的表征

理解小说中的梦的叙事,首先要理解西方对于梦的解释史。弗洛伊德在《释梦》①一书中,作出了初步的总结。他指出,以往对于梦,主要从梦和清醒生活的关系、梦的材料、梦的刺激和来源、梦的遗忘、梦的显著特征、梦的道德感等视角来解释。弗洛伊德提出,梦是欲望的满足,梦具有化妆的特点,梦的材料和来源具有其特性,梦的工作原理在于其凝聚作用和移植作用,梦的象征表现,梦的惊醒、回归、满足等心理现象的原初过程和继发过程展现出人的潜意识和意识与现实的关系等。

弗洛伊德对梦的解释,是具有划时代意义的,开启了后来诸多学者的释梦路径。典型的如荣格,在弗洛伊德的基础上,将集体无意识引入自己的释梦体系中,着重关注梦中各种具有原始意味的意象,指出人类心智共有的经由历史文化积淀而形成的结构和动力原型。荣格指出,人在梦中是有所感应的,梦起到了判断相关的人未来预期的功能,梦具有补偿性和还原性等。这一系列论述使荣格得出了"梦是无意识中的实际状况用象征的形式自发地进行的自我描述"的结论②。

巴什拉吸收了荣格和现象学的话语,探讨了梦想的诗学品质,或者说诗学中的梦想要素。他指出,词语是梦想的寄托,梦想自带着阿尼玛的阴柔气质,儿童时期的梦想使得诗人们向往重回童年的梦呓状态,梦想使个体与宇宙得以连接③。

这三位说梦人的阐述,为我们讨论《危险空间》中的梦提供了有力的支撑。如前所述,梅喜的这部小说,其大半篇幅都是在讲梦。这里的梦又分为两种:一种是夜间睡眠中的梦,包括主人公梦游状态时的心智特征;另一种是

---

① 弗洛伊德:《释梦》,孙名之译,北京:商务印书馆,2001年。
② 荣格:《心理结构与心理动力学》,见《荣格文集》(第4卷),关群德译,北京:国际文化出版公司,2011年,第181页。
③ 加斯东·巴士拉:《梦想的诗学》,刘自强译,北京:生活·读书·新知三联书店,1996年,第28~32页。

白日梦,特别是两个孩子在玩立体镜时的梦中之事。两个耽于梦想的女孩,在不停地追梦逐梦中,与梦中人物相交涉,最终逃离梦境。

小说从安西娅在早饭时叙述自己的梦开始。在梦中,她从"世界的一个裂缝中爬出,站到一个高地上,四周吹着热风"。芙洛拉对此回应道:"若是你能跳下去,然后飘起来"就更美了。但安西娅却说,"这是一个真的梦。"①安西娅苦于有梦难说,不能被人当真;而芙洛拉则展开联想,想象自己在梦中飞翔的情景。芙洛拉在张开双臂,渴望成为梦中的天鹅时,因为看到烤面包机上自己的倒影,而恍然回到现实,知道自己永远不能成为天鹅。这里的梦幻对比,在叙述者后来的介绍中,得到某种说明。安西娅因为父母双亡,搬入新家,她的梦,作为现实的改装和反映,在此更多地呈现出不安定感,特别表现在缝隙中爬行的窘迫感和压迫感。站上高地,意味着她暂时从压迫中得到解脱,而热风环绕,意味着新的不适感。与之相比,芙洛拉的梦,则象征着自由和形变,意味着理想,更多地与满足感、安全感和幸福感相联系。

从小说的第四章开始,叙述者逐一叙述两人的梦境,交错呈现。尤其是第四章,安西娅在梦中看到自己醒来,发现自己置身于巨大的房屋,又有哭石悬在头顶,窗外大雾弥漫,山崖耸立,另有一处龙形的小岛,"黑黢黢,但是轮廓清晰"。这让安西娅"立刻意识到这就是她想要去的地方,是她一直以来都知道的地方"。叙述者说:"她知道——她仿佛知道——它被金色的海滩围绕着,人们在上面日光浴,那儿有岩石,让人跳水,而那里的水,就如同绿色的空气那样让人难以抵制,任由美如鸟儿的鱼去嬉戏。"叙述者接着说,就在半梦半醒间,安西娅看到了箭头,箭头给她方向,把她往心中的地方指引,指引她沿着"一条宽阔完善的道路"走去,这条道路"没有铺设路面,但坡度平缓,路面平整"。安西娅的这个梦,无疑是在前面的梦的基础上的进一步深化和升华。如前所述,安西娅的第一个梦是逼仄的,而第二个梦则是宽广的、舒适的,按照荣格的梦是欲望的体现,是对未来的指引,后一个梦构成了对前述那个梦的否定,象征她渴望获得自己理想的境遇。在叙述者的笔下,安西娅的

---

① Margaret Mahy, *Dangerous Spaces*, p. 1.

梦不断延续，连续两晚，她"走在这没有时间的道路上，不曾渴望任何别的东西"①。

随后在第七章中，芙洛拉也进入梦幻世界，感受到祖父老莱昂内尔(Lionel)的鬼魂在家里游荡。惊醒后的她对父亲小莱昂内尔诉说自己的梦境，告诉他祖父的鬼魂依然逗留在屋中，不愿离去。父亲解释说，祖父是个"了不起的父亲""了不起的医生"，甚至救过很多人的命。如此，父亲主要是在宽慰自己的女儿，"哪怕他在这所房子逡巡，他绝对不会伤害你。他是个善良的鬼魂"。②父女这番对话解释了芙洛拉的梦，其意义在于肯定梦可能具有的真实性。依荣格的看法，梦见鬼魂其实象征着人的集体的无意识。从叙事的进程看，刚开始安西娅的梦是隐晦的，是指向外在的；而芙洛拉的梦，则是直白的，指向自己当下的所在。安西娅渴望的是在他处求得安宁和理想，芙洛拉则希望获得此时此刻此屋的平静和安逸。安西娅在梦中遇到的人，眉目不清；芙洛拉的梦中之人则清晰明确。

在两人的梦中，爷爷莱昂内尔的弟弟亨利所做的立体镜，扮演着非常重要的角色。所谓立体镜，是一种简单工具，用于立体观察卡片或者其他对象。其组件主要是两个透镜，目的在于使左眼只看左相片，右眼只看右相片(称为分相)，并使影像放大。通过立体镜观察两张相片的影像重叠部分，观察者便能看到立体模型。③ 小说中，立体镜发挥着梦幻场景的制造机器的作用。立体镜首先是亨利小时候的物件，安西娅在书房中发现了它。叙述者如此叙说安西娅第一次看它的情景："起初她看到两幅画片(一只眼睛看一个)，然后她的眼光就转移到别处"，"然后她明白，两幅画片正在试图融为一幅画片，画片本身有着神秘的深度。平面的卡片突然盛开如花，里面仿佛有着隐藏的空间"。尽管刚开始时，她"聚焦不太对"，"但是这种模糊的景象让她的心脏相当难受地扑扑跳"。随后，她就看到了"世界中的裂缝"——"雪坡上的犬牙交错的豁口"——这道裂缝显然是安西娅最初梦境中的景象的再现。在裂缝

---

① Margaret Mahy, *Dangerous Spaces*, pp. 32～36.
② Margaret Mahy, *Dangerous Spaces*, pp. 56～57.
③ The Editors of Encyclopaedia Britannica："Stereoscopy"（February 20, 2021）. https://www.britannica.com/technology/stereoscopy.

边,一个小男孩,一只手指着这道裂缝,另一只手拿着安西娅此时手中握着的立体镜。而在裂缝中,有一只布满划痕的手,仿佛在向上探寻着,似乎是要将自己从裂缝中拉出[①]。此处叙述的不同寻常之处,首先在于立体镜的梦幻表现。它不是一般的立体镜,安西娅所看到的情景,不是单纯的画片在立体镜中呈现的景象,而是富有魔力与梦幻色彩的景象。一方面,它似乎是现实之物,从中可以看到并验证自己梦境的真实性;另一方面,这现实景象又是她进入虚幻梦境的门户,真实的自我可以投射甚至进入这个梦幻的场域中。立体镜成为梦幻与现实交汇的枢纽,使梦幻成为真实可见的媒介。小说最后,正是借助于立体镜,意识到安西娅身临险境的芙洛拉才得以进入安西娅所在的梦境,化身为战士,救出安西娅,使得小说的冲突得以解决。

空间的诗学

小说中的空间,具有重要的叙事象征意义。小说的叙述者多次强调"空间"在文中的作用。从叙述的内容来看,小说的空间可以分为心理空间和现实空间两大类型;而梦幻空间是心理空间的最重要的组成部分。但是现实空间与梦幻空间并非泾渭分明,而是互相映射,互为底色,互为因果。

就现实空间而言,叙述者着重描述了芙洛拉家的房子,也就是安西娅此时生活的现实空间。巴士拉曾经说过家宅的意义:家宅是给人以庇护的场所,其居住的空间价值,首先在于它"保护着自我的非我";家宅,还"庇护着梦想,保护着梦想者","让我们能够在其中做梦",其强大的情感意义,能够把人的思想、回忆、梦想融合到一起,成为幸福的庇护[②]。但是,芙洛拉的家,对安西娅而言,最初是陌生的、异质的、不太适应的空间。在小说开始,安西娅叙述自己的梦后,芙洛拉的父亲小莱昂内尔开玩笑说,他们居住的房子闹鬼。安西娅随着芙洛拉不安的眼神环视房屋,没有看到鬼魂,只是感到通常的杂乱。芙洛拉的父亲将原来的客厅、餐厅打通,拆出管线,重新布管,但是始终

[①] Margaret Mahy, *Dangerous Spaces*, pp. 17~18.
[②] 加斯东·巴士拉:《空间的诗学》,张逸婧译,上海:上海译文出版社,2009年,第3~5页。

没有完工。安西娅觉得,住在他们家,仿佛就"住在一具骨架上,皮肤没了,骨骼、神经和血管暴露无遗",甚至安西娅和芙洛拉的卧室之间有个洞,能够互相看。这种空间的状况让安西娅的确很难适应,而墙壁上的那个洞,让她有隐私暴露感。一个新近失去父母的孤儿,面对这样的家宅,具有一种被抛入感。这种被抛入感不是巴士拉所言的人在家宅中的体验,它不是一种幸福的感受。安西娅的这种被抛入感,更多的是被命运抛弃、遗弃的感受。特别是被抛入的地方是和自己原先家庭的状况迥然不同、裸露无序的空间状态,使主人公的排斥感更强。但吊诡的是,安西娅和芙洛拉的卧室之间的洞,虽然带来隐私被暴露感,但无意中为两姐妹建立特殊的亲情关系和联系,提供了一定的空间基础。芙洛拉看到,就在夏季的午夜,全家熟睡时,安西娅裸露的胳膊上有着鲜红的印记,交错呈网状的划痕仿佛真的是因为她奋力地从世界的裂缝中爬出而留下的。正是这个洞,使得芙洛拉具有直接的观察手段,发现并证实安西娅所言、所思、所梦的现实性。

对现实空间的不满,迫使安西娅设想一种替代性的空间。当她难以适应新家时,"她感觉她必须想法找到一个空间,好让自己在此放松和呼吸,要不就像纸娃娃一样度过余生";她渴望着高声喊叫,"直到身体被清空一切,只剩下回音,哭泣,然后永久地消失"[1]。安西娅对现实空间的反应是抗拒式的,她对这个能够"放松""呼吸""哭泣""消失"的空间的期待,是基于自己的现实判断和情感加工的结果。

故而,对于刚开始的安西娅来说,她的梦想空间是自由的象征。在她的梦中,这个空间由一条线和一个终点组成。所谓线,是她历经坎坷,要跋涉的道路。她走在路上,"这个纯洁的、没有变化的水晶样的世界,仿佛最初还让她安慰,但却开始融入了繁忙的、汩汩流动的乡野,有水柱和瀑布,草丛野蛮生长,仿佛要从雪做的被子中挣扎而出,在风中波动"[2]。安西娅梦想的这条道路,是脱去了人类社会烟火气的空间形态,是逃离人世喧嚣的外在的自然空间。这种空间在她的想象下,并不具备危险的特质;但却给她的跋涉之旅,

---

[1] Margaret Mahy, *Dangerous Spaces*, pp. 6~10.

[2] Margaret Mahy, *Dangerous Spaces*, p. 45.

带来异常的艰辛。这个空间没有如同家宅那样给她带来庇护,却是她渴望寄托自身之所。小说费尽笔墨描写她要旅行的冲动和旅行的艰辛。刚开始旅行时,安西娅知道,自己渴望的是无限的空间,但又感到天空的巨大本身就显得太过了。她非常想走过层层叠叠的山峦,去感受被这个世界包围,而不是游离于这世界之外。尽管她被道路诱惑着,但她意识到自己并不愿意孤身向前。而与起点相对的是安西娅选择的这条道路的终点,即被沉寂的白色层层包裹的绿岛。安西娅的梦中之岛,显然与她父母葬身大海有关。安西娅总是梦见父母的船搁浅在某个以前从未有人发现的小岛上,父母能够像鱼儿一样游泳,在绿色的水中劈波斩浪,游到海底白色的沙上,甚至忘却了时间,还将自己找了回去。

同样是现实空间和梦想空间,芙洛拉的感觉就与安西娅形成多处对比。芙洛拉对自己的家宅具有更多的自主意识和归属感。但在观察立体镜的空间时,芙洛拉的感觉,实现了从客观向主观,从日常到梦想的跃进,与安西娅的感觉形成更为紧密的共鸣。比如,当两幅平面图片融合成一个深景时,芙洛拉就感觉自己被无法控制地吸引了:"场景因一个并不存在的空间而丰满起来——这个空间可以被折叠进一个像是书一样的盒子里,可以像书签一样平,一样轻易隐藏。可这些场景都是没有生命的。图画里的生命被一种等待的东西所置换。"这是刚刚面对立体镜空间时人的一种意识状态,"没有生命""被一种等待的东西所置换"说明的是立体镜的空间和人的意识初相交融的状态。意识并没有赋予空间以多少意义,空间等待意识使其生动起来。随着芙洛拉对于各种卡片的排列和观察,里面的空间景致时而肃静,时而安详,时而平淡,时而险恶,时而孤独,时而古怪。相比之下,在安西娅看来,"在立体镜空间中,悲伤应该是它的真名"①。相同的空间,在两种不同意识下,呈现出不同的底色。然后,叙述者借助两人之观察,描述了绿岛空间的独特性:

> 绿岛,这个神秘的土地,是其他所有土地的反面,因为任何别的地方都是由海洋包围,但绿岛却是把海洋放在中间,海水有盐、海潮和浪花,从中间散发出来,向各个方向拍打而去,所以海洋之心就是

---

① Margaret Mahy, *Dangerous Spaces*, pp. 24~26.

岛屿之心。如果你在绿岛中,要去出海,那么你就往中心地带去,而不是走出岛屿的边缘。①

这段对绿岛的空间独特性的描述,恰恰表明人的意识和梦想的反现实性:日常意识中的岛屿是被海水包围,而绿岛则是土地包围海洋。平常的岛民出海,向外围而去;而在绿岛,则是向中心而去。普通岛屿对外在世界的依靠意味着岛屿在被海洋包裹下的不确定性、不安全性和不稳定性;而绿岛的特质在于其巨大所带来的稳定性,其包容海洋的坚固性,以及其安全感。它的边际性之阔达和稳定,使得在海洋中的任何活动,都具有能够从陆地锚定的特质。这代表着安西娅失去父母的无助感的潜意识结构,意味着否定了安西娅在父母葬身海洋之后漂泊无依的状态,绿岛也成了人永恒的安身之所,是离去的亲人可以在此自由遨游的胜地;可正因其与死亡的关联,对于活着的人来说,绿岛散发的吸引力是危险的。

阴影的进程

小说中,无论是梦想,还是空间,都具有主人公的人格阴影的意味。所谓阴影的概念,是荣格对人的潜意识中某些层面的描述,是指人的心理的黑暗、忧郁、脆弱、无序、混乱、暴力等被意识压制的方面,是需要通过补偿机制来加以疏导,以达到人的正常的心理状态的方面②。而小说的叙事进程,总体表现出主人公战胜自己的阴影,与现实和解,与过去切割的寓意。在这场与自己影子的游戏中,安西娅和芙洛拉都不同程度地摆脱了自己的阴影。

安西娅面对自己父母的死亡和新家,内在的种种阴影自不待言,表现为各种挣扎的梦幻,以及梦幻中的长途旅行和艰难历程。叙述者在小说开始说,安西娅在芙洛拉家中,每天早上醒来,总能听到她家吵吵嚷嚷,喧闹不堪,感觉自己在看一部电影,"一部老电影,到处都是抽动的影子,但是她感觉,比起其他人,她自己更是一个影子,被环绕她周围的所有能量挤压着,将她变成

---

① Margaret Mahy, *Dangerous Spaces*, p. 28.
② 荣格:《文明的变迁》,见《荣格文集》(第6卷),周郎、石小竹译,2011年,第162~165页。

一个脸上带着微笑的纸娃娃"①。失去父母的悲伤、周遭环境的逼仄、命运无常给她带来的不公感,共同构成了安西娅内心的阴影。在这种阴影的作用下,她无法融入叔叔家喧闹无序又平淡无奇的生活,常常与芙洛拉发生争执,以至于芙洛拉认为她瞧不起与叔叔家相关的一切;而安西娅梦境空间的空灵、寂静、寥廓形成了一定的补偿机制,使得安西娅在现实生活中可以看似平静地生活。随着叙事的推进,在婶婶茉莉的关爱下,在逐渐接受父母离世的现实后,阴影的作用逐渐得以消解,她发现自己开始站在芙洛拉的角度看待自己的梦境,发现梦境对她的吸引力逐渐减弱,她承认绿岛很美,可是她现在还不想去。当芙洛拉进入安西娅的梦境,把她从亨利鬼魂化身的格里夫手中抢回后,她和芙洛拉最终和解,她学会了以包容、欣赏的目光看待叔叔家的生活,并积极融入其中,至此,阴影最终消散。

芙洛拉亦然,在小说的开始,叙述者如此叙述芙洛拉对安西娅的感觉,"有时候很难让你喜欢自己的亲戚","特别是那种特别漂亮,但你又被迫要怜爱的人",因为"美丽和突如其来的霉运使得这些人魅力无限,而当你身材敦实,雀斑满脸,就更加难以和这样一个魅力无限的巨星在一起生活"②。面对着人人都在讨好安西娅,而自己却被冷落的状况,芙洛拉内在的负面情绪不断累积,构成了她内心的阴影。在芙洛拉声称每个人都该待在自己该待的地方时,在她指责安西娅是传说中制造混乱的骚扰鬼时,在她故意说安西娅的父母离开是为了摆脱安西娅时,这种原本被极力压制的阴影在两人的矛盾中充分凸显。可是冷静下来后,芙洛拉为自己说过的话而感到内疚后悔,她无形中受到了安西娅的影响,开始以另一种目光审视自己的家宅和生活。母亲茉莉和她关于家庭血脉的谈话,更是成了她内心阴影消解的关键。及至她借助于立体镜进入安西娅的梦境,化身为她一直想成为的女战士,骑上战马,长发飘飘地奔赴战场救出安西娅,她也最终摆脱了自己的阴影,实现了自己最初要追求的自由。

可以说,小说的两位女主人公对自己的阴影的摆脱,是在互相帮助下同

---

① Margaret Mahy, *Dangerous Spaces*, p. 9.
② Margaret Mahy, *Dangerous Spaces*, p. 4.

步完成的。在这个过程中,成年人作为故事的次要人物,在帮助孩子克服阴影上发挥了重要作用。芙洛拉的父母与孩子们关于家人的谈话、对孩子们的关心,无疑是她们摆脱阴影控制的重要保障,特别是组织两个孩子在家附近的山坡上种树这件事,对于两个孩子领悟生命的真谛、获取生命的力量,意义重大。在种树时,安西娅难得在"一周内第三次"和大家一起笑。在孩子们一边种树,一边讲述童话故事和歌唱童谣时,芙洛拉的母亲茉莉说:"树拥有神奇的力量。它们有着古老的结构,树根汲取的地下水可以输送到三百英尺之上的树梢,滋润树顶的叶片。……它们有黑暗的阶段,也有光明的阶段,它们能够超出人的寿命,能够裂开石头,从大地中获取养分,又回馈大地";所以,"树木是有魔法的。我们在种植一整个森林的绿色魔法师"①。茉莉的这段谈话诉诸浪漫主义传统的自然观,认为自然具有修复自我的功能,人在面对自然时,可以从自然中汲取力量和智慧,特别是生命力。这种启示对孩子克服自己黑暗的心理具有暗示性的作用。在与芙洛拉共同植树的活动中,安西娅获得前所未有的归属感、愉悦感和幸福感。茉莉对两个孩子冲突的调停解决,也有助于她们各自摆脱自己的阴影。在和芙洛拉的谈话中,茉莉强调"我们和所有家庭一样,必然血脉相连,代代相传"②。在和安西娅的聊天中,茉莉宽慰她的情绪,坚持要拥抱安西娅,也要安西娅主动拥抱自己,这使得安西娅的负面情感得以有效地疏解,安西娅终于感到自己在芙洛拉家中有一席之地。所以,两个孩子对阴影的摆脱,有赖于对自然和人生的真谛的领悟,更有赖于来自成人的关爱。

另外,小说中死去的人和活着的人也形成了强有力的镜像关系,构成了互为阴影、互相克服、互相帮助的动态关系。死人也是活着的人的影子。小说中涉及两个主要的死去的人物:老莱昂内尔和他十岁便夭折的弟弟亨利。小说对老莱昂内尔脾气性情的描述并不少见。他是芙洛拉的爷爷、小莱昂内尔的爸爸,建造了这个房屋,"仇恨一切的变化,除非自己的变化""仇恨种松树""仇恨到城市里的新房子""仇恨新人,新车,新狗"。老莱昂内尔也会哭,

---

① Margaret Mahy, *Dangerous Spaces*, p. 69.
② Margaret Mahy, *Dangerous Spaces*, p. 108.

他说他哭"不是因为难过",而是因为他"记得太多"①。在与芙洛拉的对话中,他固执地要继续在这个房子中游荡,并宣称如果自己走了,谁来保护这个房子,"我们必须保护我们的空间"。但在芙洛拉看来,"没有任何人有权利永远地拥有某个空间"。芙洛拉这里的描述,既是对爷爷的不满和抗议,也是对爷爷生前和死后挥之不去的心理阴影的看法。这种看法,是在帮助爷爷摆脱自我的阴影,克服自我的占有欲,让其能够回到自我应该归属的地方。

小亨利则被表现得比较懦弱,他即使死去,也不肯独自前往绿岛,也就是他的目的地——"他需要人陪,才能走完他的路"②。他创造了安西娅从立体镜中窥见的空间,在长久等待老莱昂内尔无果后,入梦的安西娅成了他的伙伴,他诱导着安西娅一起赶往远处的岛屿。如此,小说中衍生出了安西娅和亨利的镜像关系:亨利是安西娅的影子,安西娅是亨利的同伴。但是随着安西娅对现实生活的逐渐接受,她所汲取的生命的力量使二人通往绿岛旅途上的景观发生剧烈变化,寂寥的空间展现出生机勃勃的一面,亨利似乎逐渐失去了对旅途的主导权,在安西娅想要停下脚步,回到现实时,亨利变得焦躁而危险。千钧一发之际,老莱昂内尔的鬼魂在芙洛拉的敦促下带领芙洛拉进入了梦境,兑现了对弟弟亨利的承诺,和他一起乘船去了绿岛,安西娅和芙洛拉则回到了现实。至此,所有人(和鬼魂)终于摆脱了各自的阴影,勇敢地迈向自我归属的地方,实现了自我成长。

梅喜的《危险空间》编织了一幅极具梦幻色彩的叙事图景,在层层叙事空间之下,这个关于空间的故事主要诉说的是人物的成长历程。梅喜诉诸梦这一古老的文学主题,对主要人物安西娅的梦的描述揭示了人物被压抑的潜意识和意识,而梦具有的补偿性及其带来的满足感吸引着安西娅不断进入梦境,这推动了情节发展,也拓宽了故事发生的空间。小说人物在梦想空间和现实空间之间穿梭切换,为故事的发展提供了合理的解释。而最初充满吸引力的梦想空间变得诡谲危险,最初让人想要逃离的现实空间变得温暖舒适,其实就是小说人物逐渐摆脱各自阴影,获得成长,学会与现实和解,学会悦纳

---

① Margaret Mahy, *Dangerous Spaces*, pp. 12~13.
② Margaret Mahy, *Dangerous Spaces*, pp. 89~90.

与欣赏的过程。两位主要人物安西娅和芙洛拉的名字分别意为希腊语和拉丁语中的"花",地下的种子冲破黑暗,生根发芽,向阳而生,蓓蕾绽放的过程隐喻着两位姑娘的成长,这正是梅喜花团锦簇的叙事外表下深藏的主题内核。

格雷斯小说《失目宝贝》中的非自然叙事策略

张玉红[①]

序　言

新西兰毛利女作家帕特里夏·格雷斯(Patricia Grace)是20世纪70年代以来兴起的新西兰毛利文学领军人物之一。到目前为止,格雷斯共创作了十多部长篇小说,其作品串联了新西兰毛利人历史中的重大事件,回写历史创伤,考量当今处境,思考民族未来,备受学界关注。《失目宝贝》(*Baby No-Eyes*,1998)是格雷斯的第四部长篇小说,获2008年第二十届纽斯塔特国际文学奖。在早期作品《波蒂基》(*Potiki*,1986)和《堂姐妹》(*Cousins*,1992)里,格雷斯就开始采用逝去人物的视角讲述故事,而在《失目宝贝》中,她更是赋予故事的叙述者和主要人物以典型的非自然特征,让胎儿、鬼魂和拟人化的情感参与叙事。格雷斯首先让一个不具有一般故事叙述者特质的胎儿叙述者(塔沃拉 Tawara)开场讲述故事,通过胎儿叙述者,引出故事的中心人物——双目被盗的"宝贝"(Baby No-Eyes)。同时,在胎儿叙述者的引领下,其他几位叙述者(库娜奶奶 Granny Kuna、特·帕尼亚 Te Paania 和马哈吉 Mahaki)也分别开口讲述他们所知道的与"宝贝"失去双目相关的故事,展现了他们每一代人所经历的种族压迫和殖民剥夺。通过四个不同的叙述视角,《失目宝贝》呈现了一个毛利大家庭近百年的历史,探讨了毛利人与白人的冲突,揭示了殖民形式在新西兰从殖民早期掠夺毛利人土地、禁止毛利人

[①] 张玉红,安徽大学外语学院讲师、安徽大学大洋洲研究中心成员、安徽大学文学院中外语言与文化专业博士研究生,研究方向为美国、新西兰族裔女性文学。

使用毛利语,到后殖民时期盗取毛利人基因的演变。

作为一种叙事现象,"非自然叙事"(unnatural narrative)自古有之,如古希腊罗马戏剧、中世纪和文艺复兴时期的作品,以及中国古代上古传说中的超越人类理解和认知的叙事描写,等等。但是,对文学作品中的非自然叙事现象进行系统研究,并进而拓展催生一门新的学科"非自然叙事学"(Unnatural Narratology),却是进入21世纪之后的事情。"非自然叙事学"的代表人物有布莱恩·理查森(Brian Richardson)、亨里克·尼尔森(Henrik Skov Nielsen)、斯蒂凡·伊韦尔森(Stefan Iversen)和扬·阿尔贝(Jan Alber)等西方学者。本文将借用非自然叙事理论家扬·阿尔贝关于非自然叙述者、非自然人物与非自然场景的界定,从塔沃拉和失目宝贝这两个人物形象入手,分析小说中的非自然叙述者塔沃拉,滞留家中、灵魂不愿归去的非自然人物"失目宝贝",和小说的非自然场景,解码非自然人物与非自然叙述者背后所隐藏的生命伦理内涵,揭示后殖民时期毛利作家如何运用非自然叙事策略创建抵抗性文本,揭露种族主义与殖民主义的丑恶本质。

非自然叙述者对主流叙事的消解

在《广义叙述学》中,赵毅衡将叙事作品的叙述者定义为"叙述的发出者,也是故事'讲述声音'的源头"[①]。在为《劳特利奇叙事理论百科全书》撰写的"叙述者"词条中,詹姆斯·费伦(James Phelan)和韦恩·布思(Wayne C. Booth)把叙述者界定为叙述行为的发出者,即"一个代理人,或者用一个近乎拟人的方式,把叙事中包括存在物、状态、事件等所有一切都讲述或传递给受述者的一个中介"[②]。也就是说,在一般意义上,叙述者都应该具有人或类似于人的特征。而非自然叙事学则认为叙述者是反模仿的,具有物理上、逻辑上或人性上不可能存在的特征,且在真实世界的认知框架内根本不可能存

---

① 赵毅衡:《广义叙述学》,成都:四川大学出版社,2013年,第91页。
② James Phelan. and Wayne C. Booth, "Narrator" in David Herman, Manfred Jahn, and Marie-Laure Ryan, eds. *Routledge Encyclopedia of Narrative Theory*, London: Routledge, 2005, p.388.

在。在《非自然叙事:小说和戏剧中不可能世界》一书中,阿尔贝认为,非自然叙述者更多地存在于后现代作品,特别是后现代小说之中。后现代作家为了回应当时的世界,陌生化读者的感知,让不可能的叙述者,如会说话的动物、身体部位或物件,以及通灵者或读心者等,发出声音,讲述故事,阐述思想。

《失目宝贝》的故事开篇,胎儿叙述者塔沃拉超出个人认知能力的事件叙述体现了典型的非自然特征。胎儿叙述者告诉读者,他对外部世界的了解来自他的感知与想象,声音是他获取信息的来源。小说序言的第一句话,是尚在母腹的塔沃拉关于母亲返城情形的叙述:"我知道的第一件事就是妈妈拖着沉重的步子走在马路上的脚步声和急促的喘息声。"①

作为一个胎儿,叙述者展现出超常的方位感,他知道自己在母腹中头朝下,也感受到母亲子宫空间的狭小。如果参照真实世界的认知,胎儿叙述者所展现出的这些能力在人类属性上显然都是不可能具备的。依靠听觉来获取信息的胎儿因此呈现出不可靠叙述的特征,使故事看上去十分离奇。一个不可能的叙述者,一个尚在母腹中的胎儿,讲述了自己是如何感知到外部世界的:

> 我最先听到的是我妈妈沉重的脚步声和重重的呼吸声。她好像在什么路上走着。我的青蛙妈妈。(还有别人。)那是一个黎明时分,天空飘着毛毛细雨,街道上黑黢黢的。妈妈带我回到她以前住过的地方。妈妈告诉戴夫和马哈吉:"我受够了,我太孤独了。而且孩子们需要一个家庭,需要听故事,说自己的语言。他们得有名字。今天早上我一觉醒来,觉得是时候回来了。"(11)

除了超常的方位感和感知力,知道自己在母腹中的状态之外,这个胎儿叙述者也具有强大的语言能力和想象力。胎儿叙述者运用大量复杂具体的词汇描述当时的街景,甚至开玩笑说,"那黎明前空无一人的街区就像被外星人入侵的地球一样"。(8)常识告诉我们,儿童要到一岁左右才能够尝试性地发出单音节,但是,这个胎儿叙述者却可以使用丰富的词汇、复杂的句式,描

---

① Patricia Grace, *Baby No—Eyes*, Auckland: Penguin Publishing House, 1998, p. 7. 本文所引的《失目宝贝》内容均由本文作者译自该书。后面引文只标注页码,不另注。

述故事发生的场景。这显然超出了一名胎儿的语言能力范围。胎儿叙述者的出现挑战了叙事的模仿性特征和模仿规约。读者从胎儿对母亲语言的记录之中发现了隐藏的深刻含义:"家庭、故事、自己的语言、名字……"这不正是生活在白人(Pakeha)种族歧视政策之下的毛利人苦苦追求的生命本质与生存诉求吗?

胎儿叙述者塔沃拉在妈妈肚子里就察觉到,除了妈妈之外,还有一个人和他们在一起。小说通过胎儿叙述者之口,引出了故事的主要人物"失目宝贝"和主要叙述者:塔沃拉,母亲特·帕尼亚,库娜奶奶,还有母亲的朋友马哈吉。自此,故事的主要叙述者介绍完毕,本章的最后,胎儿说道:

> 妈妈,妈妈,我们都准备好了,大家都到齐了,我们开始干吧。(12)

格雷斯巧妙地让一个未出生的胎儿作为小说的第一位叙述者出场,引出一个双目被白人医生盗取的毛利婴儿的故事,用胎儿的声音开启了毛利人追寻历史正义之路。胎儿叙述者引领读者跟随他的步伐,介入小说情节发展进程。胎儿叙事者超强的叙事能力不仅表现在他可以运用复杂的句式、优美的语言,描述妈妈在黎明时分,冒雨返回之前的居所的经历,同时也体现在他形象而幽默地描述自己出生的过程中:他头朝下,妈妈用力,他也用力,终于出来了。刚出生的婴儿通过感觉再次暗示读者在自己和母亲之间有一个第三者的存在:

> "是个男孩。"他们都长吁了一口气说。我当然知道自己是男孩。他们把我放到妈妈胸前。妈妈搂着我,边笑边和他们说话。(有人挤了进来。是谁呢?)(18)

婴儿的疑问很快就有了答案。从医院回到家后,妈妈告诉塔沃拉他不是自己唯一的孩子,因为他还有一个姐姐,比他大四岁零五天,塔沃拉立刻就看到了姐姐。母子俩第一次对话是这样的:

> "我想要你知道,你不是我唯一的孩子。"
> "我知道还有别人。"我说。
> "你有一个姐姐,比你大四岁零五天。"
> "我看见她了。"我说,"看!她头上有两个洞。"

"你是说她没有眼睛,"妈妈说,"你是说她的眼睛被偷走了。"

哦,关于那两个像弹孔一样的洞,我猜错了。(19)

在婴儿塔沃拉的眼中,姐姐"宝贝"在穿着打扮和长相上,就是一个普通毛利小女孩的样子,与别人的唯一不同之处就是她没有眼睛。塔沃拉请求妈妈讲讲关于这个双目被盗的姐姐的故事。但妈妈告诉他,"宝贝"的故事要由库娜奶奶、妈妈和塔沃拉一起讲述,因为关于"宝贝",她们家族里的每个人都有话要说。

随着婴儿叙述者不断长大,读者也跟随他的步伐,逐渐介入小说情节发展进程。五岁的塔沃拉再次恳求妈妈讲述"宝贝"的故事,"宝贝"双目被盗的真相才终于通过不同的叙述者展现在读者面前:库娜奶奶回想起从医生手里接过装在塑料购物袋里的"宝贝"的眼睛那一刻时的愤怒,并由此开启了她尘封六十年的记忆。格雷斯让库娜奶奶用毛利语讲述了英语无法讲述的故事。库娜奶奶用毛利语追忆了毛利人被压迫被殖民的历史。一个有着毛利特色的词语可能包含着某些难以传达的文化经验。通过使用这些无法翻译的毛利词语,格雷斯强调了毛利人与白人之间人际关系的差异。不经翻译的本土语言,意味着某种文化经验不可能再创造,但其差异之处却能在新环境中发挥作用[①]。语言正是以这种方式体现文化,库娜奶奶的故事控诉了白人对毛利人的土地掠夺和文化殖民。

特·帕尼亚从"宝贝"的灵魂返回她的身边开始讲起。车祸后醒来的特·帕尼亚发现已经死去的女儿灵魂不愿离去,恳求自己帮她找回被白人医生盗取的眼睛。特·帕尼亚将"宝贝"当作真正的孩子进行抚养,当她第二个孩子塔沃拉出生时,她告诉了塔沃拉有关"宝贝"的故事。在抚养两个孩子的过程中,特·帕尼亚逐渐认识到白人殖民者对毛利人的文化与基因掠夺,在不断的抗争中成长为一位保护毛利传统文化、反对白人基因殖民的斗士,并在世界性的大会上发表演说,揭露白人殖民者对毛利人的基因掠夺是一种新的殖民形式。

---

① Michelle Keown, *Pacific Islands Writing: The Postcolonial Literatures of Aotearoa/New Zealand and Oceania*, Auckland: Oxford University Press, 2007, p.164.

律师马哈吉是特·帕尼亚的朋友兼房东。马哈吉和他的同性恋人戴夫帮助特·帕尼亚抚养塔沃拉长大,在塔沃拉的生命中扮演了父亲的角色。亲眼见证了白人医生将"宝贝"的眼睛装在购物袋中递给库娜奶奶的场景,马哈吉无比愤怒。作为律师,马哈吉主要的业务就是代表毛利人与白人进行斗争,反对白人对毛利人进行的殖民掠夺。他的叙述主要围绕毛利人如何争取土地所有权和反抗白人盗取毛利人基因而展开。

而除了在故事开篇以胎儿叙述者的身份引出"宝贝"之外,塔沃拉的非自然性还体现在他的通灵上。从婴儿期开始,塔沃拉就可以看见"宝贝",每天和她对话。在塔沃拉的叙述之下,"宝贝"的形象逐渐丰满起来:失去双目的"宝贝"因为看不见而命令弟弟塔沃拉作为自己的眼睛,代替自己观察这个世界,并将看到的一切描述给她;有时候她还会因为被弟弟忽视而生气,甚至欺负他,推倒他,让他受伤,而面对母亲的关心和询问,塔沃拉总是闭口不谈,或者撒谎说自己只是摔倒了而已;当学校举行演出时,"宝贝"希望和塔沃拉一样,扮演毛利人的英雄;随着年龄的增长,"宝贝"从偶尔会欺负弟弟,变成关心弟弟,给弟弟指出生活中可能遇到的困难,并暗示弟弟,到了该离开的时间,自己随时会离开。姐弟俩如正常生活中的姐弟一样,经历着童年时的嬉戏、少年时的打闹,最终来到不得不说再见、独自面对的青春期。故事最后一章,"宝贝"离开之后,塔沃拉考上了大学,成为一名艺术家,将"宝贝"的形象用画笔记录了下来,并题名为"看不见的宝贝"(Baby Invisible)。

格雷斯首先让非自然的胎儿叙述者在母体子宫这一不可能的叙述空间营造了一个不可能的世界,给读者带来陌生化的效果。同时,她又赋予胎儿叙述者情感、理性、思维和价值判断的能力,竭力使胎儿的叙述变得可信。胎儿叙述者同时也是故事的主要人物,与还魂的"失目宝贝"一起成长。借助于运用通灵术所获取的知识,塔沃拉将其他三个叙述者的故事拼接,将碎片化的故事记忆融合进历史,以此挑战白人主流历史叙事的真实性。未出生的胎儿成为叙述者,表明毛利人的家庭观念中,活着的人、逝者、未出生的胎儿都是家庭中不可或缺的成员。作为小说的中心人物,胎儿叙述者身上体现了非自然叙事理论家扬·阿尔贝界定的那些物理上、逻辑上和人性上不可能存在的人物特质。胎儿/婴儿作为新生力量,预示着毛利人的希望,格雷斯通过塔沃拉这一非自然叙述者从胎儿/婴儿,到儿童、少年、成年的成长过程,对故事进行更自由的书写:首先让胎儿/婴儿叙述者指出"宝贝"存在的事实,然后通过儿童叙述者引出"宝贝"眼睛被盗的残酷真相,并让少年塔沃拉讲述和"宝贝"一起成长的过程中所经历的一切殖民问题,颠覆殖民者的偏见,揭露了殖民政治的阴暗面,使读者对殖民问题进行深刻的反思。

非自然人物对生命伦理的追寻

人物是虚构叙事作品中最重要的一个元素。《叙事学手册》将"人物"定义为"故事世界中基于文本或媒介的一个角色,通常是人或者像人"①。尤里·玛格林认为,故事世界里的人物应该具有人的某些属性或某些功能,"在正常情况下,应该是人或者具有类似于人的特征"②。理查森也认为,"文学中的人物就是虚构作品的代理人。它们来源于众多不同的资源,实现了叙事中不同的功能"③。模仿叙事的人物,大都具有现实世界中真人的影子,但是,在反模仿的非自然叙事作品中,人物体现出现实生活中人类所不可能具有的非自然表征。阿尔贝将非自然的人物分为五种类型:(1)人类与动物的混合体,如安吉拉·卡特的小说《马戏团之夜》中半人半鸟的女主人公苏菲;(2)去世的人物,即作品中的人物虽已去世却仍然活着,如品特的戏剧《家庭声音》中已经去世的父亲仍然可以写信和说话;(3)"类机器人"的人类与"类人类"的机器人,如卡里尔·丘吉尔的戏剧《蓝色水壶》(1997)和菲利普·K.迪克的科幻小说《机器人会梦见电子羊吗》(1968)中的人物;(4)变形的人物,如萨拉·凯恩的戏剧《清洗》(1998)中的人物;(5)具有多重身份的同一人物,如马丁·克里普的戏剧《她生活中的努力》(1997)中的女性人物安妮就拥

---

① Fotis Jannidis, "Character", in Peter Huhn, Jan Christoph Meister, John Pier, and Wolf Schmid, eds, *Handbook of Narratology*, 2nd ed. Berlin: de Gruyter, 2014, p. 32.

② Uri Margolin, "Character", in David Herman, Manfred Jahn, and Marie-Laure Ryan, eds. *Routledge Encyclopedia of Narrative Theory*, London: Routledge, 2005, p. 66.

③ Brian Richardson, "Character", in David Herman, James Phelan, Peter J. Rabinowitz, Brian Richardson, and Robyin Warhol, eds, *Narrative Theory, Core Concepts and Critical Debates*, Columbus: The Ohio State University Press, 2012, p. 132.

有多个身份①。

《失目宝贝》中的非自然人物主要是小说的叙述者之一塔沃拉和因车祸夭折后还魂的"宝贝"。胎儿叙述者塔沃拉和"宝贝"都是超越现实世界逻辑和原则的人物。塔沃拉的非自然性主要体现在他的通灵上,而"宝贝"在故事开始时就已经因车祸夭折,但是她却以鬼魂的身份回来恳求母亲帮自己找回被白人医生偷走的眼睛,并一直在家中生活、成长,直到弟弟塔沃拉成年,奶奶库娜去世,她的鬼魂才和库娜奶奶的灵魂一起离开。

"宝贝"这一形象的出现充满了非自然叙事的特征:因车祸重伤回家休养的特·帕尼亚在听到库娜奶奶关于"宝贝"双目被白人医生窃取的讲述后,昏了过去。在昏迷中,她听到一个婴儿的声音:"你一定要帮我找回眼睛。"(72)苏醒后的特·帕尼亚看到一个婴儿出现在自己身边。从那时起,她就像抚养一个真正的孩子一样照顾她,给她洗澡、穿衣,带她玩耍,给她讲故事。

"宝贝"的身份从一开始就得到家人的认可和接受。他们在饭桌边给她留出位置;当塔沃拉受伤时,他们也会认为是作为姐姐的"宝贝"在欺负弟弟;当提到"宝贝"的灵魂不愿离去时,特·帕尼亚的爷爷说,"当然。她要在这世上停留一段时间,这样我们才能知道她是我们家的孙女(mokopuna),不是垃圾,不是食物(kai)"(83)。

在毛利人的传统观念中,生和死是紧密相连、互相交织的,死亡是生命的一部分。逝者的灵魂仍与生前的家族保持联系,关注并影响家族成员的生活②。《失目宝贝》运用非自然叙述策略,让还魂的"宝贝"和塔沃拉一起长大,将死者与生者放在同一时间层面上,变现实为幻想而又不失其真。

小说前言中,胎儿叙述者告诉读者当他还在母亲腹中的时候,就感到母亲与自己之间还有另一个人的存在。在第二章,通过刚出生的婴儿和母亲的对话,读者看到了另一个人——"宝贝"。在婴儿叙述者的眼中,"宝贝"像普通的毛利小女孩一样,穿着从连锁商店买来的衣服,裤子前面有粉色的蝴蝶

---

① 尚必武:《什么是叙事的"不可能性"?——扬·阿尔贝的非自然叙事学论略》,载《当代外国文学》,2017年第1期,第135页。
② 赵晓寰、乔雪瑛:《新西兰:历史、民族与文化》,上海:复旦大学出版社,2009年,第172页。

结,和照片中的肖恩("宝贝"的父亲,在车祸中去世)一样,瘦瘦的、黑黑的,一点也不像妈妈。她没有雀斑,头发直直的,黝黑发亮。和别的毛利女孩的唯一不同之处是她没有眼睛。在塔沃拉的追问下,妈妈告诉他"宝贝"的眼睛被偷了,要讲清楚这个故事,每个人都有很多话要说。因此,这一章结尾,婴儿塔沃拉说:"好吧,妈妈,库娜奶奶,还有我们大家,让我们把一切都说出来吧。说说我们自己,说说我这四岁了,却没有眼睛的姐姐。我知道要花很多时间,但是让我们开始吧。"(20)

"宝贝"像个正常的毛利婴孩一样,一天天长大。她对被盗双目的追寻,促使库娜奶奶开口讲述毛利人的历史,回忆自己幼时在白人学校被迫接受白人同化教育的往事。在提到自己为什么身为毛利人却无法用毛利语与外界交流,无法给自己的后代取毛利名字的屈辱经历时,库娜奶奶终于将埋在心底六十年的痛苦往事说了出来。六十年前,库娜的表妹因在校内说毛利语而被体罚致死,年幼的库娜将这一切归咎于她们的语言,认为是毛利语害了自己的妹妹。从那时起,库娜一直说英语,不说毛利语。直到"宝贝"的双目被盗事件发生之后,库娜才真正明白迫害毛利人的不是毛利语言,而是白人殖民者对毛利人的文化殖民与精神压迫。六十年来,这种压迫与掠夺虽然形式不同,但殖民本质却从未改变。

以"宝贝"的故事为起点,库娜奶奶开口用毛利语讲述自己这一代人的故事。在库娜奶奶和马哈吉的要求下,白人医生把"宝贝"的双目装在塑料袋里还给了他们。在"宝贝"下葬时,库娜奶奶用丝巾把"宝贝"的眼睛包裹起来,绑在"宝贝"的肚子上。快要五岁的塔沃拉发现"宝贝"的肚皮上有一双眼睛,但是"宝贝"却不能用那双眼睛观察世界,塔沃拉不得不成为姐姐的眼睛,向她描述所看到的一切。"肚子上的眼睛"这一非自然现象表明,那双眼睛就是"宝贝"的眼睛,而"宝贝"也正是特·帕尼亚死去女儿的转世之人。

小说第三十三章,"宝贝"向塔沃拉讲述了自己回归的原因,说自己返回母亲身边的目的之一就是陪伴他们的妈妈:

"我是暂时被借回来的。"她说。"尽管我们的妈妈一开始并没有想我,但是后来她听到了人们的议论,她开始十分想念我。我的灵魂到达阴间之后,给我举行欢迎仪式的一位妇女替妈妈感到难过,她就把我送回来了。因为妈妈太需要我了,我就暂时被借回来了,但我本来也只能在妈妈身边待上几年而已。不久,妈妈就有了你。"(251)

"宝贝"还魂来到母亲的生活中,一方面是因为母亲对她的爱的呼唤,她要安慰伤心的母亲;另一方面是因为她想要母亲帮她找回眼睛。宝贝关于"眼睛"的追寻表达了毛利人的生命伦理诉求。对"宝贝"还魂原因的描写,使读者能够接受"宝贝"徜徉在现实与幻象之间的非自然能力,并通过幻象揭示残酷的民族压迫现实。"宝贝"在特·帕尼亚的精神世界中再生,而且,与塔沃拉像真正的姐弟一样一起长大,并见证一代代毛利人对白人土地殖民、文化殖民和基因殖民的抗争。

非自然场景对白人主流文化的逆写

尽管所有的非自然叙事学家关于"非自然叙事"的定义不尽相同,但是他们都使用了"非自然叙事学"这一概念。关于这一点,阿尔贝的解释是:"事实上,导致非自然叙事学各种视角和定义存在的一个原因是任一对非自然的理解都必须考虑文化语境。只有这样,才不会陷入半球盲区(hemispheric blindness)。"[1]叙事场景(storytelling scenario)指叙事的情节或事件,也指"行动或者发生的事情"[2],强调其逼真表征(verisimilitude),却忽视了叙事作品中情景或事件在物理上、逻辑上或人性上的不可能性。根据扬·阿尔贝2016年出版的《非自然叙事:小说和戏剧中的不可能世界》(*Unnatural Narrative: Impossible Worlds of Fiction and Drama*),文学作品中的"非自然"指那些"物理上、逻辑上和人性上不可能出现的场景与事件"[3]。

---

[1] Jan Alber, Rudiger Heinze, "Introduction", in Jan Alber, and Rudiger Heinze, eds. *Unnatural Narratives*, *Unnatural Narratology*, Berlin: De Gruyter, 2011, p. 9.

[2] Seymour Chatman, *Story and Discourse: Narrative Structure in Fiction and Film*, Ithaca and London: Cornell University Press, 1978, p. 44.

[3] Jan Alber, *Unnatural Narrative: Impossible Worlds of Fiction and Drama*, Lincoln & London: U of Nebraska P, 2016, p. 14.

《失目宝贝》中的非自然场景体现在塔沃拉和"宝贝"的日常相处之中。从塔沃拉出生到最后"宝贝"离开，这些物理上、逻辑上或人性上具有不可能性的情景或事件比比皆是：作为鬼魂滞留家中的"宝贝"，小时候经常对弟弟颐指气使，要求他做自己的眼睛，将看到的一切描述给自己听；与弟弟争夺喜爱的东西，抢优先坐副驾驶位置的机会，甚至连在学校演出中的主要人物角色，也要争抢。如果不满意，"宝贝"就会动手，弄得弟弟浑身是伤。在大人们问起的时候，塔沃拉不得不向他们解释是自己不小心摔的。长大后的"宝贝"开始关心弟弟的情感问题，虽然也会嫉妒弟弟喜欢的女孩，但开始和弟弟说自己最终要离开他，让他接受自己离开的现实。小说最后，库娜奶奶弥留之际，家里的亲戚都到场了。库娜奶奶一直不肯咽气，人们都说她在等马哈吉，想知道法庭对于那块土地到底是怎么宣判的。但实际上，并非如此。她让人把塔沃拉叫到身边，在他耳边说道：

"她不愿意转身，不愿妥协。要是她和我一块儿离开的话，你必须送她走。"

"不是我要让她走的。"我说。

"来吧，送我离开吧。"姐姐在我另一边耳朵旁耳语。

"不是我想要这样的。这和我没有关系。"我和姐姐说。

"可是你之前同意了的。"

"不，我根本没有同意。"(285)

库娜奶奶告诉塔沃拉，如果自己离开人世而不带走"宝贝"的话，那他接下来的生活将会非常麻烦。"宝贝"也不愿余生成为弟弟的累赘，就请求他用最狠的话赶自己离开："骂吧，用最狠的话，告诉我让我消失，越远越好。"塔沃拉再三拒绝，不肯说出那句话，可是库娜奶奶告诉他："我的时间不多了。"在"宝贝"的一再恳求之下，塔沃拉终于说出了那句话："好吧。"在塔沃拉的注视下，她们的鬼魂手拉手消失在满是香味的光线里，飘向虚空。(286)

除了塔沃拉和"宝贝"相处时的非自然场景，格雷斯还特别描写了一个独特的非自然场景——拟人化了的"痛苦"(pain)与昏迷中的特·帕尼亚的对话场景。车祸发生之后，特·帕尼亚被送进医院，濒临死亡之际，听到耳边有

个声音在催促她抓紧自己,从死亡的通道中爬回来。起先,特·帕尼亚拒绝了"痛苦"的建议:

"不,不是你……"

"你现在只有我了,抓紧我,因为你没有别的东西可以抓了。"

"别管我……"

"你抓不住像影子一样在你眼前晃过的脸庞,抓不住那颤抖、哆嗦、消逝的声音,抓不住虚幻的光线。你需要我。"

"不是你……"

"你只有我了。把我当作梯子,你会找到你的方向。"

"我为什么要相信你……"

"你只有我了,抓紧我,每次一步慢慢往上爬。"(43)

"痛苦"重复了三次"你只有我了",并再三敦促特·帕尼亚"抓紧我,爬过去,你就能生还"(44)。通过拟人化的形象,格雷斯传递了一个真理:只有经历痛苦,才能最终产生理解、力量和重生。痛苦无处不在,但人们必须抓紧它,利用它。特·帕尼亚抓住了"痛苦",将它作为梯子,爬出了死亡的困境。特·帕尼亚与"痛苦"的对话表现了毛利人面对死亡时的态度:只有拥抱痛苦,才能够获得生存。

在《失目宝贝》中,格雷斯正是利用非自然叙述者,围绕一个非自然的人物形象,借助于胎儿/婴儿这一不可靠叙述者建构了一个不可能的故事世界,讲述了一个还魂的"失目宝贝"的故事,印证了理查森等非自然叙事学家关于后殖民时期少数族裔作家运用非自然叙事策略创作抵抗性文本的论述。正如尚必武在《后殖民语境下的非自然叙事学》一文中所指出的,后殖民时期的少数族裔作家以创新的非自然叙事形式挑战传统叙事规约,并以此对抗殖民者的权威[①]。通过非自然场景,格雷斯在毛利人传统文化的框架内,创作出了匠心独具的作品,揭示了一个值得深思的伦理问题,即毛利人该如何面对白人殖民者对他们进行的违背伦理秩序的掠夺与压制。

---

① 尚必武:《后殖民语境下的非自然叙事学》,载《天津社会科学》,2018年第5期,第120页。

结　语

　　表面看来,《失目宝贝》像是通过对真实世界发生的真实事件的报道记录,深情回顾了毛利人的百年历史。然而,仔细去审视的话,我们就会发现,小说通过非自然叙事策略,将现实夸张、变形,从而更深刻地揭示出新西兰毛利人被欺压被掠夺的生存现实,批判了新西兰社会生活中存在的丑陋社会现象,揭露了种族主义与殖民主义的本质。正如阿尔贝所言,非自然叙事为研究小说的独特性提供了新视角,通过体验和思考各种非自然表现,读者可以更好地了解人物的思维与情感[①]。

　　小说中的非自然叙事策略,是一种叙事手法上的标新立异和开拓创新,也是揭示少数族裔民族文化神奇现实的手段,而非自然叙事元素表象背后呈现出的民族命运及人类生存等诸多命题也让人沉思。对小说中的非自然叙述者和不可能的人物形象进行解码,除了可以凸显文学的虚构性本质、挑战人类的阅读认知之外,还可以让我们从新的视域切入文本,探视作者高超的讲故事技巧,领略其中蕴含的叙事美学。采用非自然叙事策略,无疑可以更好地指向当下具有现实意义的社会和伦理道德问题:运用非自然人物与非自然场景,将幻象与现实、历史与事实、想象与真实融为一体,揭示了毛利民族独特的思维方式和行为方式,展示出毛利人的民族精神内核,将沉淀于毛利人民族文化之中的民族心理和神奇现实呈现出来。非自然叙述策略因此成为格雷斯讲故事的利器,旨在表达隐秘的思想情感和伦理诉求:以非自然叙事策略讲述非自然的伦理事件,不仅能够帮助读者探究非自然叙事元素背后蕴藏的生命伦理内涵,给读者带来道德警示和伦理启迪,更能引导读者认清种族主义和殖民主义的丑陋本质,最终实现文学的政治功能。

---

　　① Jan Alber, "The Diachronic Development of Unnaturalness: A New View on Genre", Jan Alber, and Rudiger Heinze, eds. *Unnatural Narratives*, *Unnatural Narratology*, Berlin: De Gruyter, 2011:41~67.

《怀唐伊条约》的翻译"公案"

孔艳坤[①]

《怀唐伊条约》向来被视为新西兰的立国文书,于其本国的意义大致与美国的《独立宣言》相仿。不过,美国的《独立宣言》是宣布美国脱离英帝国的殖民统治;而《怀唐伊条约》则标志着新西兰的毛利人自此接受英国女王的统治,按照条约英文版的意思更是将国家主权交给英国。然而,条约的毛利语译本经人比对发现与英文版本存在诸多出入,像毛利人是否出让主权等处在翻译上就存在不一致的地方。如此看来,英国当时能够在非暴力的形式下与毛利人签订条约的背后似乎另有隐情。《怀唐伊条约》的毛利语译本和英文版本的翻译问题是否影响了双方对于条约的理解,或者说错误的翻译是否影响了条约的签订,其中是否存在一方欺骗另一方的状况颇为耐人寻味。不过,《怀唐伊条约》的签订的确避免了西方殖民者以暴力手段对毛利人进行种族屠杀,以达到殖民目的的血腥恶果(但是条约签订后毛利土地战争持续了足足十年),还奠定了新西兰双元文化主义的基调,使得毛利人和毛利文化能够在当下全球化的语境中留存其民族身份与文化遗产。尽管如此,《怀唐伊条约》的翻译"公案"仍不容忽视,其中还有诸多同翻译相关的问题,比如其签订过程中英国人与毛利人的翻译沟通情况、文本自身的英文版本和毛利语译本的翻译问题以及毛利语译本的译者身份和动机等需要重点探讨,以便更好地还原《怀唐伊条约》在翻译史中的本来面目,揭示翻译问题与意识形态、权力、利益等因素的诸多关联。

[①] 孔艳坤,清华大学博士研究生,研究方向为翻译史、比较文学与翻译研究。本课题受国家社科基金重大项目"多元文化视野下的大洋洲文学研究"(项目编号:16ZDA200)资助。

一、《怀唐伊条约》的签订过程与历史背景

1840年2月,新西兰新到任的首位领事威廉·霍布森(William Hobson)代表英国王室同毛利部落酋长在新西兰北岛怀唐伊签订《怀唐伊条约》。[①]由于新西兰彼时有诸多毛利部落,因此参与签订《怀唐伊条约》的毛利部落酋长超过500位[②]。那么,这五百位酋长是否如此轻易地达成一致意见,同意签订《怀唐伊条约》? 在签订条约的谈判过程中毛利部落酋长之间是否出现过分歧? 此外,因为毛利人的自身文化传统是注重口头传诵,所以没有创立自身的文字系统,条约这种契约社会的产物对毛利人来讲其实还是很陌生的。由此看来,当时的毛利人对条约这种形式认可和重视与否似乎也是一个问题。

早在1835年时,英国人和毛利人就曾通过签订条约来形成一种保护关系。当时,英国的执事詹姆斯·巴斯比(James Busby)与大多数来自新西兰北岛的毛利部落酋长签订《独立宣言》。这份宣言宣称的是毛利人的独立,以及泛部落的毛利人的自治。这份宣言的签订同当时法国人抵达新西兰,并声称将占领北岛部分土地有关。巴斯比等人因此将法国人视为英国在新西兰的威胁,并签订宣言来作为回应。实际上,这份宣言直到1839年才停止收集毛利部落酋长的签名[③]。由此可见,毛利部落酋长对条约这种形式的接触时间最多不超过五年,了解也相对有限,但却并不是完全陌生的,因而对签订《怀唐伊条约》意味着什么自然也会有所了解,而不太可能草率签字。

毛利人之所以会同意签订条约的内在动机,可能是因为希望保护自身现

[①] Smits, Katherine, "Multiculturalism, Biculturalism, and National Identity in Aotearoa/New Zealand", *Multiculturalism in the British Commonwealth*, eds. Ashcroft, Richard Tand Mark Bevir, Berkeley: University of California Press, 2019, p. 104.

[②] Lourie,"Bicultural education policy in New Zealand", *Journal of Education Policy*, 31:5, 2016, p. 638.

[③] Moon, Paul and Sabine Fenton, "Bound into a fateful union: Henry Williams' translation of the Treaty of Waitangi into Maori in February 1840", *Journal of the Polynesian Society*, lll (1), 2002, p. 55.

有的利益,免遭其他移民者的威胁。根据新西兰档案馆官方网站上的说法,英国在《怀唐伊条约》签订前关注到毛利社会现存的一些弊端,以及一些欧裔移民给新西兰带来的不良影响。因此,英国一些人道主义者呼吁英方为毛利人提供帮助。再考虑到一些投资者从毛利人手中购买大面积土地,以及法国人和美国人也在从新西兰获取利益的情况,英国决定在新西兰采取措施以保护毛利人的利益[①]。即便毛利人的利益在当时确实受到迫在眉睫的威胁,但是上述说法或多或少带有几分冠冕堂皇的"救世主"的色彩,似乎是说英国要去挽救毛利人于水火之中一般。

英国王室急于与毛利人签订条约到底是为了保护毛利人的利益,还是为了保护自身的利益是要打上一个问号的。为了抢在新西兰公司从毛利人手中继续大量购买土地之前获取新西兰的领土权,霍布森和曾经与毛利部落酋长签订《独立宣言》的巴斯比(James Busby)开始筹谋《怀唐伊条约》的签订。霍布森和他的秘书詹姆斯·弗里曼(James Freeman)都没有接受过法律训练,对毛利人的了解也颇为有限。因此,巴斯比对条约的草案作出了大幅的增改。最终,霍布森在2月4日为《怀唐伊条约》定稿。当晚,亨利·威廉姆斯牧师便与其儿子爱德华将条约草案的定稿翻译为毛利语,并在2月5日展示给毛利部落酋长[②]。

出于对传教士的信任,许多毛利人都支持签订《怀唐伊条约》,但是也有不少毛利部落酋长持反对意见。在对毛利人解释条约的过程中,英方强调的是签订条约可能带来潜在的好处,而很少提及毛利人可能会面临的限制。举例来讲,英国人在解释过程中将"主权"的问题削弱了,转而强调毛利人将受到维多利亚女王的保护并在同一个上帝的庇护之下与英国人结成联盟。2月5日后,毛利部落酋长陆续在条约上签字。整个条约的签字过程持续到当年的九月初[③]。由此看来,毛利人在签订条约时很有可能对这份条约究竟意

---

① Archives New Zealand, "The Treaty of Waitangi: Towards a treaty" in Archives New Zealand (January 29, 2021). https://archives.govt.nz/discover—our—stories/the—treaty—of—waitangi.

② Ibid.

③ Ibid.

味着什么是不知情的,单单知道自身利益将得到英国人的保护,却不知道要付出的代价将会有多么大。毛利人能够心甘情愿放弃主权很可能不仅仅同英国人在向其解释条约时避重就轻有关,也同他们所看到的条约的毛利语译本脱不了干系。

二、《怀唐伊条约》的译本操刀者

为了更好地理解毛利语译本中的翻译问题,不妨先对译本的操刀者威廉姆斯进行了解,摸清译者的背景与动机可能给其翻译带来的影响。《怀唐伊条约》的译者亨利·威廉姆斯(Henry Williams)牧师与其妻子于1823年到达新西兰传教,距离条约签订足足有17年[1]。由此看来,威廉姆斯对毛利人的了解并不会太少。如同上述呼吁英国介入新西兰的英国国内人道主义者一样,《怀唐伊条约》签订前的两三年内,新西兰当地的传教士也已然深信英国的介入有利于结束各路迁居者前往新西兰,对毛利人福祉产生不利影响的局面[2]。在这种社会氛围的推动下,威廉姆斯牧师在1840年直接收到澳大利亚大主教敦促其帮助霍布森完成使命的来信,内容如下所示:

> 我确信你已经获悉霍布森领事到来的消息了,以及他此番到新西兰要完成的为英国居民获取更多权力的使命……他首先要完成的使命之一是让毛利部落的酋长们自愿将领土的主权让与女王陛下……经过一番深思熟虑,我认为应当强烈地建议你去通过自身的影响力,带领教会的其他成员去劝服那些同你有来往的毛利酋长们,让他们心甘情愿地将主权送到女王陛下手中。[3]

威廉姆斯牧师自身隶属于教会体系,到新西兰的目的又是传教,可见其对于大主教必然更倾向于唯命是从,去诱导那些毛利部落酋长签订条约,让

---

[1] Moon and Sabine, "Bound into a fateful union: Henry Williams' translation of the Treaty of Waitangi into Maori in February 1840", p. 51.
[2] Orange, C, *The Treaty of Waitangi*, Wellington: Allen & Unwin, 1987, p. 58.
[3] Rogers, L. M., *The Early Journals of Henry Williams*, 1826—1840, Christchurch: Pegasus Press, 1961.

出主权。实际上，即便没有大主教的这封信，威廉姆斯也会全力支持霍布森领事完成使命。威廉姆斯曾在与其教会上级通信时直言："英国政府应当接管新西兰，成为新西兰的保护者。"①威廉姆斯之所以会这样想，极有可能是因为基于其自身经济利益考量的结果。1840年前，欧洲移民在新西兰购买的土地极有可能需要归还到毛利人手中，因此移民到新西兰的白人需要王室认可他们对土地的所有权。1841年，英国王室指定的土地委员会认定威廉姆斯拥有约11000英亩（约等于4451.5万平方米）的土地，并承认其在购买土地时所付的价格是公道的。由此看来，威廉姆斯考虑到自己及其亲戚在新西兰所拥有的土地所有权，无疑也会帮助英国王室得偿所愿。② 综合来看，宗教方面的影响对于威廉姆斯牧师来讲更多的是一种来自外界的支持和肯定。毕竟，他出于自身经济利益考虑本来就是希望英国人能够接手管理新西兰的。

威廉姆斯不仅在宗教背景的影响和经济利益动机的驱使下为条约签订提供帮助，其与毛利人熟络的关系也在条约签订过程中起到了推波助澜的作用。根据为威廉姆斯写传记的劳伦斯·罗杰斯（Lawrence Rogers）的说法，威廉姆斯在毛利人当中很受信任，许多毛利人长者，比如Tohitapu、Hone Heke 与 Kawiti 都很欣赏威廉姆斯③。如此看来，威廉姆斯简直就是翻译《怀唐伊条约》的不二人选，而这个机会也在1840年到来了。根据威廉姆斯自己的说法，2月4日下午4点左右，霍布森领事拿着《怀唐伊条约》的英文版本找到威廉姆斯，让其翻译成毛利语版本。由于第二天上午10点的时候就要把毛利语译本读给毛利部落酋长听，威廉姆森认为在翻译中有必要回避毛利

---

① Williams, H., "Letter to Church Missionary Society, 11 January 1838", CMS Microfilm Archives, CN/O 101. as cited in Moon, Paul and Sabine Fenton, "Bound into a fateful union: Henry Williams' translation of the Treaty of Waitangi into Maori in February 1840". *Journal of the Polynesian Society*, lll (l), 2002, pp. 51~63.

② Moon and Sabine , "Bound into a fateful union: Henry Williams' translation of the Treaty of Waitangi into Maori in February 1840", pp. 53~54.

③ Rogers, L. M., *Te Wiremu: A Biography of Henry Williams*, Christchurch: Pegasus Press, 1973.

语中没有对应词汇的术语,并同时确保传达条约的精神与主旨①。在实际翻译过程中,威廉姆斯的儿子爱德华也给予了一定的协助②。

作为《怀唐伊条约》的译本操刀者,不管是其牧师身份还是英国移民身份都决定了威廉姆斯的立场是同英国王室一致的。由此产生的宗教因素和意识形态因素的影响,再加上经济利益的考量,使威廉姆斯作为译者的动机无疑更多的是要维护自身及英国王室的利益,因此其为了达成签约目的而加以词汇选择或者话语操纵也就不是不可能的了。

三、《怀唐伊条约》毛利语译本中的翻译问题

毛利语译本中是否存在翻译错误的问题实际上在《怀唐伊条约》签订以后一直都在讨论。学者 Dawson 在其专著《怀唐伊条约与语言操控》中认为"kawanatanga""tino rangatiratanga"这些有争议的词语的具体含义取决于英国人或毛利人以不同的主体身份在具体争论中是如何理解它们的③。汪诗明在其文中指出,在英文版本条约中意指有形财产的"property"译作毛利语的"taonga",泛指包括无形财产在内的事物,会让毛利人误以为享有更大的权益④。不难想象的是,英方和毛利人在签订条约后之所以还有那么多分歧,必然是因为在签约前和签约时并没有厘清条约的内容,双方各自签订时所见的条约与签约后进一步了解到的条约的真实内涵出现了上述种种不一致的地方。这种不一致除了来自上述英方在向毛利人解释时避重就轻的做法之处,还有一个原因很有可能就是在条约内容的翻译上有问题。

按照英文版本条约的说法,毛利人要把主权让与英国。毛利部落酋长则将拥有受保障的权利和财产,而毛利人也都会成为英国公民。《怀唐伊条约》

---

① Williams, H., "Letter to Church Missionary Society, 11 January 1838".

② Moon and Sabine, "Bound into a fateful union: Henry Williams' translation of the Treaty of Waitangi into Maori in February 1840", p. 55.

③ Taonui, Rawiri, "Reviewed Work(s): The Treaty of Waitangi and the Control of Language by Richard Dawson", *The Journal of the Polynesian Society*, No. 3, 2004, pp. 297~299.

④ 汪诗明:《〈怀唐伊条约〉与"主权让与"问题》,载《世界历史》,2015 年第 4 期,第 107 页。

由序言和另外三个部分组成,其中关键的矛盾点在于呈现在毛利部落酋长面前的译本使用的毛利语"kawanatanga"经过音译是"治理"的意思,而英文版中该处强调的意思是"主权"。如果毛利语版本使用的词语恰当表示出"主权"的意思的话,毛利部落酋长们不可能同意在条约上签字①。保罗·穆恩(Paul Moon)和萨宾·芬顿(Sabin Fenton)也认为,威廉姆斯使用"kawanatanga"一词去表示英语"sovereignty",即"主权"一词的含义不恰当。"kawanatanga"当时在毛利语里是同传教相关的新名词,以英语单词"governor"(在毛利语中是"kawana")为基础所创,最早出现在对《圣经》的早期翻译之中。当时仅仅有少数接触过传教领域的毛利人熟悉"kawanatanga"这个词,而"kawanatanga"这个词本来的语境同主权更是没有什么直接关系。因此,威廉姆斯不使用《独立宣言》中出现过的同主权有关的"mana",转而使用"kawanatanga"的做法令保罗·穆恩和萨宾·芬顿认为威廉姆斯在"sovereignty"的翻译上别有用心②。

不过,这一看法遭到了学者约翰·劳里的反对。约翰认为威廉姆斯没有使用《独立宣言》中出现过的"mana"事出有因。"mana"这个词的意思其实比较模糊,可以描述一个主权、政府或者土地拥有者等主体所拥有的任何权力和权利。《独立宣言》中并没有涉及对各种权力和权利的区分,因此可以使用"mana"③。在1835年签订的《独立宣言》中,威廉姆斯用"mana"这个词来翻译英文的"sovereignty",相应的毛利语译本自宣言签订后也并没有引发任何不满。但是,学者Margaret Mutu指出,"mana"尽管也许是毛利语中最接近"sovereignty"的词,却绝对不是一个准确的翻译④。由于毛利人在当时对主权是何物实际上并没有明确的概念,仅仅在五年前接触过"mana"这个表示

---

① Levine, Hal, "Status Rivalry and the Politics of Biculturalism in Contemporary Aotearoa New Zealand", *Oceania*, 86:2, 2016, p. 175.

② Moon and Sabine, "Bound into a fateful union: Henry Williams' translation of the Treaty of Waitangi into Maori in February 1840", p. 58.

③ Laurie, John, "Translating the Treaty of Waitangi", *The Journal of the Polynesian Society*, No. 3, 2002, p. 255.

④ Moon and Sabine, "Bound into a fateful union: Henry Williams' translation of the Treaty of Waitangi into Maori in February 1840", p. 55.

权力或权利的词,向他们译介主权这个概念并不是一件很容易的事情。不过,这并不应成为英方避重就轻地回避阐明签订条约将意味着丧失对土地的拥有权的借口。虽说"主权"作为术语在翻译上存在难度,但在实际的交流中要解释清楚并不那么难。与之相应的是,学者朗基努伊·沃克直言传教士们很清楚毛利部落酋长对任何"mana",也就是主权的丧失都会感到憎恶[1]。学者 Ross 也指出,如果毛利语译本中出现的是"mana",而不是"kawanatanga"的话,不会有任何一位毛利部落酋长认可《怀唐伊条约》的内容[2]。

除了上述"kawanatanga"之外,保罗·穆恩和萨宾·芬顿指出威廉姆斯用来翻译英文"chieftainship"的毛利语"tino rangatiratanga"也是因传教出现的新名词,但是"rangatiratanga"的词根"rangatira"确实是毛利人本土的说法。因此,"rangatiratanga"这个词在毛利语中意味着毛利部落酋长拥有完全的权力、权利和权威的主权[3]。保罗·穆恩和萨宾·芬顿的论点其实指明他们在比对《怀唐伊条约》译本的时候参考的是 1975 年由休·卡瓦卢(Hugh Kawharu)翻译的英文版本,而不是最初由霍布森拟定的英文版本,也就是威廉姆斯牧师在翻译时所使用的英文译本。不过,这并不表明"tino rangatiratanga"的翻译不存在问题。根据条约的毛利语译本,毛利人是在《怀唐伊条约》的序言部分和第二条的前半部分中看到"rangatiratanga"这个词语的,以下引用的是后者:

> 毛利语译本:Ko te Kuini o Ingarani ka wakarite ka wakaae ki nga Rangatira ki nga hapu - ki nga tangata katoa o Nu Tirani te tino rangatiratanga o o ratou wenua o ratou kainga me o ratou

---

[1] Walker, R. J., "The Treaty of Waitangi as the focus of Maori protest", *Waitangi: Maori and Pakeha Perspectives of the Treaty of Waitangi*, eds. I. H. Kawharu, Auckland: Oxford University Press, 1989, pp. 263~79, p. 266.

[2] Moon and Sabine, "Bound into a fateful union: Henry Williams' translation of the Treaty of Waitangi into Maori in February 1840", p. 60.

[3] Moon and Sabine, "Bound into a fateful union: Henry Williams' translation of the Treaty of Waitangi into Maori in February 1840", p. 58.

taonga katoa.①

1840年英语版本：Her Majesty the Queen of England confirms and guarantees to the Chiefs and Tribes of New Zealand and to the respective families and individuals thereof the full exclusive and undisturbed possession of their Lands and Estates Forests Fisheries and other properties which they may collectively or individually possess so long as it is their wish and desire to retain the same in their possession.②

1975年英语版本：The Queen of England agrees to protect the chiefs, the subtribes and all the people of New Zealand in the unqualified exercise of their chieftainship over their lands, villages and all their treasures.③

因为保罗·穆恩和萨宾·芬顿参考的是1975年的英文版本，而不是1840年的英文版本，所以从本源上来讲，二人指责威廉姆斯将"chieftainship"翻译为毛利语"tino rangatiratanga"是没有事实依据的。毕竟威廉姆斯所见到的1840年原版中根本就不存在"chieftainship"这个词。由此看来，针对某个条约或文本的翻译展开研究时，务必注意做好版本上的考察，否则一旦混淆版本就极易造成整个研究都站不住脚，所产生的观点自然也就无法令人信服。根据1840年的英文原本来看，威廉姆斯所看到的词语不是"chieftainship"，而是较长的一组词语"exclusive and undisturbed possession"，说的是毛利人对土地将享有排他性的、不受干扰的所有权。这时候再看上文保罗·穆恩和萨宾·芬顿提到的"rangatiratanga"这个词在毛

---

① Archives New Zealand, "What the treaty says: original Te Reo version and 1975 English translation" in Archives New Zealand (January 29, 2021). https://archives.govt.nz/discover-our-stories/the-treaty-of-waitangi.

② Archives New Zealand, "What the treaty says: original English version" in Archives New Zealand (January 29, 2021). https://archives.govt.nz/discover-our-stories/the-treaty-of-waitangi.

③ Archives New Zealand, "What the treaty says: original Te Reo version and 1975 English translation".

利语中意味着毛利部落酋长将拥有完全的权力、权利和权威,可见两个版本还是存在不同的。英文版强调的仅仅是所有权,而"rangatiratanga"所指的是主权。这也就意味着毛利人在毛利语译本中看到的对土地拥有的主权是高于英国人在英文版中承诺的所有权的。正因如此,这样的分歧在之后露出了马脚,并引发了长达十年的毛利土地战争。如此看来,《怀唐伊条约》的翻译无疑是存在问题的,一方面源于上述译者威廉姆斯基于其动机对文本很可能存在的有意操控,他或许有意向毛利人隐藏条约的真实内容;另一方面也同毛利语和英语的词汇在当时并不完全对应,将英文版本内容完全准确地转换为毛利语从语言角度来看存在客观困难有关。但是,这种客观困难未必不能通过在与毛利人沟通时尽量说明条款内容来克服。

另外需要说明的一点是,上面提到的三个版本之间的关系。1840年的英文版本是最早出现的原始版本,也就是霍布森起草的版本。这个版本经过威廉姆斯牧师和他儿子爱德华的翻译后有了毛利语译本。与最初的英文版本相比,毛利语译本在篇幅上无疑是要短很多的,上述一串英语单词仅用一个毛利语单词翻译就反映出了这一点。整体来看,威廉姆斯和爱德华在翻译《怀唐伊条约》时有着简化条约内容的倾向,通俗来讲就是长话短说,采取大事化小、小事化了的态度。正如上述例子所反映的,明明是仅仅承诺给毛利人土地的所有权,却假装是保留毛利人对土地的主权,似乎是急于"息事宁人",达到签署《怀唐伊条约》的目的。单从条约第二条的文本篇幅来看,1840年的英文版本有120个单词,毛利语译本有94个单词,经由毛利语译本有回译的1975年英文版本仅有80个单词。因此,威廉姆斯和爱德华在翻译时更像想要把事情说简单,而不像注释型翻译那样竭尽全力想让读者明白文本究竟说的是什么。当然,当时给予威廉姆斯和爱德华的翻译时间十分有限,想要把文本翻译得很清楚难以在那么短的时间内实现。

毛利语译本又在1975年被休·卡瓦卢翻译为英文版本这一点很有趣。《怀唐伊条约》1975年的英文版本其实是1840年英文版本的回译,仔细比对便会发现两个版本其实有很多差别。从某种程度上来讲,1975年的英文版本更加倾向于调和1840年英文版本与毛利语译本中出现的分歧。如上例中"rangatiratanga"被译作"chieftainship",这是一种比较中性的酋长地位的说法。虽说没有翻译为"sovereignty",体现毛利人对土地的主权,但也或多或少遮蔽住曾经体现出主权含义的争议点。实际上,1975年的英文版本之所以会倾向于中和争议点,而不是持续激化英方同毛利人之间的矛盾,是因为当时的时代背景。联系毛利人的民权运动与反越战等事宜,毛利人与新西兰的欧裔居民结成联盟并在1975年时重新让已经销声匿迹几乎一百年的《怀唐伊条约》恢复效力①。同年,新西兰还专门成立了怀唐伊调解庭,准许其在一定范围内审判违反《怀唐伊条约》的诉讼案件②。结合当时希望能够缓和毛利人与非毛利人之间矛盾的社会氛围来看,1975年的英文版本显然受到社会主流意识形态因素的影响,是希望促进新西兰的双元文化主义和睦发展,而不是通过翻旧账的方式激化非毛利人与毛利人之间存在的矛盾。

四、《怀唐伊条约》翻译问题的影响分析

《怀唐伊条约》签订后,霍布森乐观地认为新西兰的白人和毛利人结为一体了,而没有想到几年后毛利人和英国人之间会发生武装冲突。不过,其中"He iwi tahi tatou"(英文为"We are now one people",中文可理解为"我们结为一体")这句话如今依然经常被引用来强调新西兰的民族统一性③。1840年签署的《怀唐伊条约》自然没有一劳永逸地解决新西兰白人和毛利人之间的种种问题,其中的多项条款存在争议。尽管《怀唐伊条约》并没有作为宪法性的文件固定下来,其在新西兰依然占据中心位置。至今,人们在提倡双元文化时依然会提到《怀唐伊条约》④。关于《怀唐伊条约》在新西兰究竟

---

① Bennett, Simon T., and J. H. Liu, "Historical trajectories for reclaiming an indigenous identity in mental health interventions for Aotearoa/New Zealand—Māori values, biculturalism, and multiculturalism", *International Journal of Intercultural Relations*, 62, 2018, pp. 93~102, p. 95.

② Smits, "Multiculturalism, Biculturalism, and National Identity in Aotearoa/New Zealand", p. 110.

③ Smits, "Multiculturalism, Biculturalism, and National Identity in Aotearoa/New Zealand", p. 104.

④ Smits, "Multiculturalism, Biculturalism, and National Identity in Aotearoa/New Zealand", p. 110.

扮演什么角色,有学者认为《怀唐伊条约》实质上建立了一种伙伴关系。因此,关于其文本内容的理解应当反映出双方的理解①。学者 Palmer 则认为,《怀唐伊条约》更多的是起到一种政治步骤的作用,而不是解决在法律层面的需求。此外,与其说条约意在割让主权,不如说是为了提供保护。基于对毛利部落的保护和保障,英国王室也就能够逐步确立主权②。需要注意的是,上述两种观点,特别是后者更多的是站在非毛利人立场上的,其将《怀唐伊条约》简化为建立伙伴关系或者削弱其法律意义的做法或多或少带有粉饰太平的味道,更多的是以一种类似于叙事的手法美化当初英国人对于毛利人的殖民过程。

《怀唐伊条约》自身存在的分歧与之后引起的争端无疑会引起学界的注意。直到 20 世纪 90 年代,历史学家仍在回避讨论亨利·威廉姆斯牧师对《怀唐伊条约》的翻译不够恰当的问题③。新西兰奥克兰理工大学的保罗·穆恩和奥克兰大学的萨宾·芬顿撰文指出当时的很多学者或者是只提及《怀唐伊条约》的英文版,或者是声称亨利·詹姆斯的毛利语水平有限,以尝试为其对《怀唐伊条约》的不当翻译开脱责任④。因此,上述的对新西兰殖民过程的美化做法在关于《怀唐伊条约》翻译问题的研究中也是依然存在的,学者自身的立场无疑会影响其研究的结果。如今,新西兰官方其实也开始正视《怀唐伊条约》存在的翻译问题。从新西兰博物馆官方网站下载的怀唐伊日宣传画册中可以看到这样的字样:"《怀唐伊条约》当年是从英语翻译为毛利语的。翻译是一件难事,特别是当同一个词可以有许多不同意思的时候。"⑤但是,《怀唐伊条约》翻译"公案"的背后难道仅仅只是词语翻译的问题吗? 如果仅

---

① Hudson, Maui L, and K. Russell, "The Treaty of Waitangi and Research Ethics in Aotearoa", *Journal of Bioethical Inquiry*, 6.1, 2009, pp. 61~68, p. 63.

② Jones, Carwyn, The Treaty of Waitangi settlement process in Maori legal history. Doctoral dissertation. University of Victoria, 2013, p. 17.

③ Orange, C, *The Treaty of Waitangi*, p. 39.

④ Moon and Sabine , "Bound into a fateful union: Henry Williams' translation of the Treaty of Waitangi into Maori in February 1840", pp. 51~63.

⑤ Museum of New Zealand, "He puka mahi Rāo Waitangi Waitangi Day activity book" in Museum of New Zealand (January 29, 2021). https://www.tepapa.govt.nz/learn/for-educators/free-downloadable-activity-books/waitangi-day-activity-book.

仅让译者亨利·威廉姆斯和他的儿子爱德华为翻译中出现的错误背锅似乎是有失公允的,毕竟这背后的历史真相是受意识形态、宗教、政治和经济等影响的,而不是词语翻译不明那么简单。

  整体来看,《怀唐伊条约》的签订是双元文化在新西兰的起点,客观来讲对毛利人的文化传承有益。但是,这次条约的签订无疑也是新西兰逐步被英国殖民和占领的起点。从人口数量角度来看,《怀唐伊条约》签订时新西兰毛利人的数量远远超过非毛利人,比例至少是 50∶1。不过,仅仅 20 年后,非毛利人人口数量就与毛利人人口数量持平了。2013 年,毛利人的人口数量在新西兰已经仅占 10%~15%的比例①。如今,虽然新西兰依然以其双元文化主义为特色,但是毛利人的权益保护问题依然需要引起重视。目前探讨《怀唐伊条约》翻译问题的意义自然不在于否认条约的公平性,更多的是希望通过尽量还原《怀唐伊条约》在翻译史中的原貌来强调语言和翻译在殖民化进程中可能产生的影响,以及译者动机和各种经济、宗教因素的介入对翻译的影响,从而明确《怀唐伊条约》的毛利语译本与英文版本之间这段"公案"同英国人的殖民目的、译者威廉姆斯对译本的操纵有关,也与当时英方向毛利人解释《怀唐伊条约》的方式脱不了关系。

---

① Kawharu, Hugh, "Common property, Maori identity and the Treaty of Waitangi", *The Governance of Common Property in the Pacific Region*, eds. Peter Larmour, Canberra: ANU Press, 2013, pp. 89~102, p. 99.

太平洋岛国文化研究

太平洋岛国与百越地区艺术中图腾文化的相似性

张 彬[①]

引言:关于太平洋岛国原住民族源的学界声音

(一)人类学角度的太平洋岛国原住民族源

太平洋岛国主要分布于幅员辽阔的南太平洋,由1万多个岛屿组成,分属于波利尼西亚、美拉尼西亚和密克罗尼西亚三大群岛。对于岛国原住民的族源,学界存在不同观点。一些人类学研究表明,部分岛国人群的族源之一被证明是中国东南部部族——百越。"百越"是我国古代对于南方众多部族的统称,其空间分布广、时间跨度大。据《汉书·地理志》记载,百越的分布"自交趾至会稽七八千里",即从今天江苏南部沿东南沿海的上海、浙江、福建、广东、海南、广西至越南北部长达七八千里的半月形区域为古越族人最集中的分布地区,湖南、江西及安徽等地尚有越人散布,我国境内的壮、傣、侗等民族皆属"百越"。其时间跨度从远古的旧石器时期直至秦朝末年,而文化传承则延绵至今。百越各地尽管风俗不同,但却存在着很大程度的文化共性,比如断发文身、习水使舟、鸟图腾、干栏式建筑等。

荷兰鹿特丹伊拉斯姆斯大学医学中心(Erasmus University Medical Center)遗传学家 Manfred Kayser 发表于《美国人类遗传学杂志》上的关于分子人类学的研究成果表明:"波利尼西亚人79%的常染基因源自东亚人种,

---

① 张彬,聊城大学美术与设计学院副教授、博士,研究方向为艺术学。

21%的常染基因源自美拉尼西亚人。"①此外,有学界专家认为在6000—4000年前,部分古东亚人渡海经过美拉尼西亚群岛,与太平洋最早在此居住的人类融合并逐渐扩散到太平洋诸群岛,形成了现代波利尼西亚人。另外,多方研究表明,美拉尼西亚人的族源之一也在东南亚,进入太平洋诸群岛的时间在5000年前左右。而密克罗尼西亚人则在体质特征上呈现为混合人种:西部与马来人相近,东部接近波利尼西亚人,南部接近美拉尼西亚人,中部表现为三者的混合。

一项关于"南岛西部人群和侗台人群的父系遗传关系"②的研究调查了中国大陆地区侗傣民族的30多个群体、印尼和越南的马来民族23个群体,以及中国台湾地区原住民族的11个群体,分析了这些民族的Y染色体,证实了南岛与中国大陆地区的侗傣民族有极为密切的遗传关系③。此处的南岛包括太平洋岛国。

(二)语言学角度的太平洋岛国原住民族源

太平洋诸岛国属于"南岛语系"。对于南岛语民族的起源,专家就其语言特质也提出了不同观点。1991年,英国考古学家彼得·贝尔伍德(Peter Bellwood)发表于 *Scientific American* 上的论文认为,操南岛语的南岛民族由亚洲大陆而来,可能与侗傣(Kam-Tai)民族或南亚民族属于同一族源,约3200年前到达南太平洋部分地区;公元300年左右,逐渐扩散到太平洋美拉尼西亚区域的加洛林群岛一带,然后往东到达波利尼西亚群岛。

"南岛西部人群和侗台人群的父系遗传关系"的有关研究也认为,南岛族

---

① Manfred Kayser, "Genome-wide Analysis Indicates More Asian than Melanesian Ancestry of Polynesians", *American Journal of Human Genetics*, volume 82, issue 1, 10 January, 2008, pp. 194~198.

② 此项目由复旦大学现代人类学教育部重点实验室与台湾慈济大学、印尼艾克曼分子生物学研究所、越南顺化医学院、广西医科大学等合作完成,其研究成果发表于英国《生物医学中心进化生物学》,2008年第8卷。"侗台"即"侗傣"。

③ 因为"南岛(Austronesia)",由两个希腊文字根"austro-"与"-nesia"组合而成,"austro-"为"南方"之意,"-nesia"意指"群岛",所以将"Austronesia"译为"南岛"。"南岛语系"分布于广袤的海洋岛屿,西自非洲的马达加斯加岛、东至智利的复活节岛、北自夏威夷岛和中国台湾、南至新西兰岛。"南岛语系"的广大海洋族群同归属于"南岛民族",这个概念包括太平洋诸岛国。

群与中国和东南亚大陆的侗傣族群在语言文化方面相似之处非常多,可能都起源于中国壮侗语族的百越民族。综上,学界尽管对于太平洋岛国原住民的族源存在不同的声音,但部分人类学和语言学研究成果的确证明了其百越渊源,而其艺术中的图腾也指向了古老的百越。

一、太平洋岛国原住民图腾记忆概述

"图腾"是印第安语的音译,意为"亲族"。早期人类相信,图腾具有超人的神力,能够庇佑与它有血缘关系的人离祸得福。在广袤、幽深的自然面前,先民面对不可抗的生老病死、风雨雷电等自然规律和现象,心中充满敬畏,他们需要借助外力使自身更为强大,以抵御侵犯,图腾便产生于此种心理。当世界各地的先民看到鸟类可以自由翱翔于天地间,鱼类可以游弋在深水中,豺狼虎豹各具人类所不备的能力,他们在万物有灵观念的引领下,各自找到了本族群的图腾,渴望借助图腾的神力实现祈愿。

(一)太平洋岛国原住民图腾概述

由于地理位置等因素的影响,大部分太平洋岛国尽管有被西方国家殖民的历史,但仍以原住民为主,虽然宗教、政治等方面呈现出不同程度的西方化,但文化是民族和国家在沧海桑田的变迁中积淀形成的,一般不会因为外来文化的冲击而一夜之间消失殆尽,迄今,岛国传统文化在当地民众的生活中仍然举足轻重。

艺术源于生活,指向灵魂。太平洋岛国艺术是本土文化基因的体现,从中我们可以看到其迥异于世界其他区域、民族和国家的艺术面貌,这些艺术遗存,远离现代文明,散发着亘古而天然的海洋气息,是人类文明早期阶段的写照,珍藏着人类对于自然、宇宙的追问。在长期的历史发展进程中,诸岛国形成了既彼此关联又各具特色的文化,各美其美的多元文化共存。

在人类进入现代文明之前的历史阶段,艺术多根植于宗教,是对于天地万物神性的理解和表达。因此,在诸多史前艺术及现存的远离现代文明的艺术中,图腾文化普遍存在。伴随着西方殖民历史的演进,诸多太平洋岛国居民已经从信仰原始宗教改为信仰基督教,但图腾、祖先、自然界的神灵在他们的现实生活和精神世界中却仍然存在着,他们通过各种仪式与传统信仰中的神灵产生联系并从他们那里获取力量。图腾是一个民族内在基因与外部环境综合作用的结果,是根深蒂固的,因而尽管基督教认为上帝爱人,图腾却仍然是岛国原住民坚定的庇佑者。对于图腾的信仰广泛体现在岛国的建筑、雕塑、文身、纺织等生活的方方面面。太平洋岛国尽管陆地面积小,但分布广阔,因此图腾种类为数众多,而鸟图腾普遍存在。

(二)跨越时空的图腾回响

鸟曾经是远古时期广大百越地区共同的图腾,新石器时代的出土文物、文献资料和民族学新发现均已证实百越存在鸟图腾崇拜,这种图腾崇拜从7000年前的河姆渡文化时期一直绵延至今。伴随着文化的演进,古越人的鸟图腾被赋予了复合性的文化内涵。

据古史记载,远古人类在鸟的嗉囊中发现了稻谷,继而追寻鸟的足迹发现了可食的稻谷。"民以食为天",当稻谷作为不可或缺的食物解决了先民的生存问题时,带领古人找到稻谷的鸟便自然而然地升华为庇佑先民的神灵。其后,《越绝书》《吴越春秋》《论衡》《水经注》等典籍中记载的"鸟耕",证明作为图腾的鸟逐渐具有了农业保护神的职能。鸟图腾崇拜还来源于生命繁衍的需要,直至现在,民间称生殖器为"鸟"的习惯仍然可以看作鸟图腾的文化遗存。

出于对鸟的图腾崇拜,越人在鸟身上赋予了神性。在原始宗教活动中,百越先民将鸟羽、鸟冠、鸟尾等典型特征附于人体之上,使之兼具人与鸟的特质,作为"鸟巫"承担沟通人神的使命。古越人通过人与鸟同体合一的宗教、舞蹈等方式表达对鸟的敬畏。除了祭祀活动中"人鸟合一"的造型外,百越民族还用刻画、雕塑、建筑装饰等造型艺术在历史上留下了大量以鸟为母题的艺术作品。《吴越备史》(卷一)援引倪德儒的话说,"有罗平鸟,主越人祸福,慢则祸。于是民间悉图其形以祷之"[①]。百越先祖相信飞鸟能够主宰人的祸福,对它恭敬便能得福,而对它轻慢则会招致祸患,足见越人心中鸟的神力。人们为了得到罗平鸟的庇佑,便描绘鸟的样子,向其祈祷。这些艺术品在证实古越鸟图腾崇拜

---

① 吴绵吉:《从越族图腾崇拜看夏越民族的关系》,载《中央民族学院学报(哲学社会科学版)》,1985年第1期,第47页。

广泛存在的同时,也为我们展现了光怪陆离的远古艺术的魅力。

1973年,浙江省余姚市河姆渡遗址出土了一件蝶形器(图1),正面中间位置刻有内外套叠的同心圆,外刻火焰纹,象征太阳及其光芒。两侧对称雕刻一对昂首相向而立的鸟。远古先民由鸟出则日升、鸟息则日落的自然现象联想到太阳由神鸟驮着每天于空中东升西落,此器即表现双鸟托日运行。《山海经·大荒东经》便载,"汤谷上有一扶木,一日方至,一日方出,皆载于乌"。此处的"乌"指离朱鸟,又名跋乌、三足乌,外形像乌鸦,但长有三足,在太阳里栖息。宋兆麟考证,蝶形器实为鸟形器,是古越人鸟图腾柱的一部分。

图1 浙江余姚河姆渡文化遗址出土的双鸟朝日纹象牙蝶形器

除了鸟图腾崇拜之外,太平洋岛国和百越地区还分别存在对鳄鱼、龙、蛇、鱼类的图腾崇拜,这在二者的建筑、文身中各有体现。

二、太平洋岛国服饰中的图腾记忆

自古以来服饰在蔽体御寒的物理功能之外,往往还有着重要的精神内涵,比如象征穿戴者身份,而以部族图腾装饰的衣冠,则可赋予穿戴者以神力。

(一)太平洋岛国服饰中的图腾

鸟图腾在太平洋岛国诸多地区服饰中有着特色鲜明的艺术体现。

在波利尼西亚地区,当地人认为人的头部蕴藏着最神圣的马纳(MANA)之力,由鸟类羽毛、玳瑁、贝壳、骨骼等珍贵材料制成的饰品是神力的载体。只有最尊贵的贵族、祭司、长老才有资格佩戴此类饰品,饰品会赋予佩戴者马纳之力。在19世纪以前夏威夷地区以鸟为图腾的部落中,酋长、武士会身着由红色和黄色羽毛编织而成的披风、头盔及其他装饰品(图2),以此表明自己与图腾的关系。人们认为人模仿图腾身着羽毛制成的衣物,便会获得图腾的神力与护佑。事实上,这也是早期人类的普遍认知。

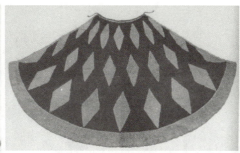

图2　夏威夷地区鸟类羽毛制成的披风和头盔

在马克萨斯地区,人们同样认为鸟羽装饰能够赋予佩戴者神圣之力。部族祭司或酋长头戴鸟羽冠饰(图3),以此象征着他们的尊贵身份及权威地位。同样,他们相信借助鸟羽的神力,可化身为神的代言者,在人神之间传递信息。

图3　戴羽冠的泰奥和(TAIOHAE)地区祭司特依·图阿塔阿(TEI' I TAU' ATA' A)[①](左),戴羽冠的霍努(HONU)地区酋长威他胡(VAITAHU)[②](右)

---

① 据波特(D. Porter)画作所作,1812—1814年。
② 据霍奇(W. Hodges)画作所作,1778年。

在巴布新几内亚阿德默勒尔蒂群岛的帕兰卡拉有一种战士护身符,头部为镂空木雕,身体由长长的鸽子羽毛排列组成(图4)。在战争中,战士们用传统的塔帕布将此护身符系于颈部后方,以此来获得力量和勇气,抵御恶灵侵犯,保佑安全。

图4 巴布新几内亚帕兰卡拉战士护身符[①]

从文明产生伊始到现代社会,世界各地的面具都扮演着大同小异的角色,有着大同小异的作用。面具消解了佩戴者自身的身份,赋予其面具所象征的身份。太平洋岛国部分地区将面具结合鸟羽、植物纤维等在仪式中加以使用,喻示神灵降临人世间。

在美拉尼西亚的新喀里多尼亚岛上,当地人认为先人们的灵魂离开肉体之后,会在位于海底深处一个与人间迥然不同的世界里继续存在,逝者如果想与在世之人交流,便会出现在他们生前居住过的地方,通过自然物或人造物与人联络,面具就是用于沟通的人造物之一。在宗教仪式中,人们会佩戴"哀悼者面具"。面具代表已故酋长,通常用霍普木雕刻而成,上面的头发来自守护死者遗体的哀悼者,头发上装饰有鸽子或家禽羽毛(图5)。当地人普遍相信,正是已故酋长打破了世间最初的混沌,开启了通向死亡的道路,引领人们进入生与死的循环。

---

① 木,鸽子羽毛,1935年。

图 5　美拉尼西亚新喀里多尼亚哀悼者面具①

作为部落祖先,姆瓦伊是巴布新几内亚神话中的兄妹,因此姆瓦伊面具一般成对出现。这让我们联想到古代中国的伏羲和女娲,在汉族和许多边疆民族的创世神话中,伏羲、女娲兄妹是人类的始祖。在太平洋岛国男性成人礼、部落长者或其配偶去世等重要仪式中,当地人将姆瓦伊面具固定在由羽毛和树叶做成的宽大服装上,舞者藏身于面具和服装之下奏响圣笛,传递着来自祖先的声音(图 6)。

图 6　巴布新几内亚姆瓦伊面具②(左),仪式中的姆瓦伊面具③(右)

---

① 羽毛、植物纤维、人发、木、颜料、树皮,19 世纪。
② 木、梭螺、植物纤维、颜料,20 世纪中叶。
③ B. HAUSER-SCHÄBÜLING.

(二)服饰中跨越时空的图腾回响

出土文物研究表明,继河姆渡鸟形器之后的良渚玉鸟、越地铜鸟开后世鸟崇拜之先河,古越人的鸟图腾艺术从河姆渡文化、马家浜文化至崧泽文化一脉相承。在部分古越民族中,自然形态的鸟演变成了"人鸟合一"的复合形象。在良渚文化遗址出土的玉琮、玉冠等器具上,"人鸟合一"的艺术造型十分丰富,学者们普遍认为此为古越人的神徽或族徽。玉琮,是中国古代的重要礼器,既用来祭祀大地,也是权威的象征,因此神秘而神圣。浙江省余杭市反山良渚文化墓地出土的玉琮王,中间八幅神徽中皆为人头戴羽冠、三爪鸟足的复合形象。"良渚先民为了某种祭典的需要,由巫师头戴用鸟羽扎成的鸟形冠充当祭司,他们所要表现的是某个神的形象或者是神鸟,或者是某种人、鸟合一的神灵"[①]。"人鸟合一"的祭司或巫师是人与神沟通的媒介,将人类的祈愿传递给神灵,这种现象迄今仍然遗存于全球许多信仰原始宗教的民族中,夏威夷、马克萨斯、巴布新几内亚等地区的鸟羽衣冠也是此一文化现象的体现(图7)。

图7 良渚玉琮上的鸟羽冠饰人面造型(左),巴布新几内亚地区戴羽冠者(右)

舞蹈是原始宗教祭祀的组成部分。在河姆渡文化中,祭祀鸟舞十分流行,"羽人舞"是先人与神交流的方式,巫师借此与神对话。自春秋时期直至东汉的数百年间,百越遗址中出现了诸多"羽人"造型。"所谓'羽人'就是头

---

① 江松:《良渚文化的冠形器》,载《考古》,1994年第4期,第344页。

戴羽冠,身披羽饰,手舞足蹈的人物形象"①。在古属百越的广西花山、云南沧源等地岩崖画上有许多"羽人"舞蹈造型;此二地出土的铜鼓鼓面上饰有环状飞翔的鸟纹,鼓身上有"鸟冠羽人"像(图8),前文所提巴布新几内亚帕兰卡拉战士护身符外观上颇似此类铜鼓上的"鸟冠羽人"。我国南方某些地区仍保留祭祀时跳鸟舞的习俗,比如傣族自古流传的架子孔雀舞,而"贵州黎平侗族在跳芦笙庆丰收时,必以鸟旗为前导,芦笙手亦要穿羽衣、跳鸟舞,随行男子要头插鸟羽,女人要头戴羽冠"②。

图 8 云南省沧源崖画中的"羽人舞蹈"图(左),广西壮族自治区西林县古句町国铜鼓上的"羽人舞蹈"造型(中),云南省石寨山罗泊湾铜鼓上的"羽人舞蹈"造型(右)

颜师古注《汉书·地理志》中言,"鸟夷"之"被服容上皆象鸟也"。太平洋岛国贵族与战士的鸟羽衣冠造型与古百越地区岩崖画、铜鼓中羽人舞蹈造型颇类似。据考证,岩崖画中的"羽人舞"实为巫师身披羽衣实施巫术,此一场景与巴布新几内亚姆瓦伊面具舞蹈的形式与目的相似度也非常之高(图9)。

图 9 云南沧源崖画中的羽人舞蹈图(左),傣族架子孔雀舞(中),巴布新几内亚姆瓦伊面具舞(右)

从新石器时期河姆渡、良渚文化中的鸟图腾出土文物和文献记载,到云南、广西等地岩崖画和铜鼓上的羽人形象,再到史书所载"玄鸟降而生商",直至今日苗族的百鸟裙、贵州黎平侗族跳芦笙、傣族的架子孔雀舞,反映了鸟图

---

① 陈兆复:《中国少数民族美术史》,北京:中央民族大学出版社,2001年,第169页。
② 万建中:《论崖葬的文化意蕴》,载《中央民族大学学报》,1994年第1期,第46页。

腾文化在岁月流转中的积淀与遗存。而太平洋岛国艺术,则在时空上与此一文化现象遥相呼应。在太平洋岛国和百越地区服饰所体现的图腾文化中,鸟羽衣冠都被赋予了神圣之力。鸟羽的存在,沟通了人神世界,使穿戴者化身为图腾或祖先,为人类带来吉祥,为尊贵者带来权威与神圣,也为战士带来了勇气和力量。

三、太平洋岛国建筑中的图腾记忆

(一)太平洋岛国建筑中的图腾

男性议事厅在巴布新几内亚、美拉尼西亚等岛国地区普遍存在。议事厅是一个村落中最主要的建筑,村落布局一般围绕议事厅展开。与男性议事厅相关的建筑、文身、木雕、面具、仪式等集中指向部族的图腾文化。本部分我们以巴布新几内亚塞皮克流域的男性议事厅为例,介绍其中的图腾文化。

男性议事厅一般底层架空,屋顶由两个"人"字形斜坡构成,本身就是雄伟壮观的艺术作品(图10)。以鹰为代表的猛禽作为部族图腾,以木雕的形式高耸于议事厅顶部,彰显着其权威与神力,以及驱邪避讳、护佑村落安康的使命(图11)。

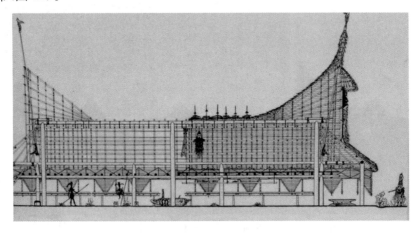

图10 男性议事厅侧面结构图①

---

① 克里斯蒂安·科菲尔(Christian Coiffier)绘,1983—1995年。

太平洋岛国文化研究

图 11　巴布新几内亚塞皮克流域柯文玛斯村男性议事厅顶部图腾木雕

女性祖先是部族智慧的源泉，议事厅以女性祖先为蓝本，其整体结构被视为女性祖先的身体，横梁是女性祖先的脊柱，山墙代表女性祖先的脸庞，装饰有以女性面部为题材的木雕与绘画。耐人寻味的是，代表女性身体的男性议事厅只有男性可以进入，女性不能入内，厅内的圣笛、面具等也不允许女性触碰。在此，议事厅关于女性祖先身体的象征，源于女性的繁衍功能，是原始信仰中生殖崇拜的体现。议事厅关于女性身体的象征可理解为对于图腾的性别界定，也可理解为人类远古文化中所共存的母性崇拜，而屋顶木雕则是对于部族图腾的物种界定，二者在精神层面是合而为一的。而只有男性可以进入作为女性祖先身体象征的议事厅，则是两性结合的象征，部族由此得以生生不息。

（二）建筑中跨越时空的图腾回响

1982 年，浙江省绍兴市坡塘狮子山西麓出土了一座铜质房屋模型，屋顶立一图腾柱，柱顶塑一鸟（图 12）。牟永抗考证铜质房屋为越族祭祀的庙堂模型,并进一步解释"图腾之所以常见于屋脊或专门建立的图腾柱上,不仅仅是为了表现人们对它的崇敬,在古代东方,还与那种认为图腾来自天上的天命观念有关。铜屋图腾柱上雕饰的云纹,显然是象征柱身高入云端和图腾(鸠鸟)居住上苍之意"①。源于河姆渡文化中的鸟图腾标志,在古越族人及其后裔中传承了几千年。而今,太平洋岛国男性议事厅的山墙上高耸着猛禽图腾雕塑,傣族竹楼房顶也仍然高居着沟通天与人的孔雀。此类现象或源于在人类的共同认知中,鸟飞翔于天地间,自然而然是天上人间的桥梁与使者。

图 12　浙江省绍兴市坡塘狮子山西麓铜质房屋模型上的鸟图腾柱(左),
巴布新几内亚塞皮克流域柯文玛斯村男性议事厅顶部鸟图腾雕塑(右)

四、太平洋岛国文身中的图腾记忆

　　文身英文名称为"tattoo",这个单词来源于太平洋群岛的波利尼西亚人——1868年英国航海家詹姆斯·库克(James Cook,史称"库克船长")在波利尼西亚群岛的塔希提和澳大利亚东岸的土著身上发现了大量文身,并将它的名称"tattoo"带回了英国。传统文身是用尖锐的石制、骨制、木制、金属制工具刺破皮肤,再用矿物或植物染料上色,从而形成的永久性的人体装饰。
　　功能学派人类学家马凌诺夫斯基(B. K. Malinowski,1884—1942)认为,文化是人类满足自身需要的手段,任何文化现象都有其功能和作用,人类

---

①　牟永抗:《绍兴 306 号越墓刍议》,载《文物》,1984 年第 1 期,第 33 页。

会在不同情况下应用相应的文化现象满足需要、解决问题，使自己趋吉避凶。"文身的目的就在于原始宗教崇拜的辟邪、防身、自强、抵御外侮侵害的象征作用"①，因此与图腾紧密相连。尤其在战争中，文身能驱除恶灵，使生命免遭不测。同时，文身既是身份地位的象征，也意味着年轻男子或女子的成年。

（一）太平洋岛国文身中的图腾

太平洋岛国文身由来已久，文身师一般会使用鱼刺、鱼齿、龟壳、猪牙等工具以及木灰研磨而成的颜料，用小锤敲击蘸有颜料的动物骨针，使其刺入皮肤，在身体上留下永恒的印记。

文身相当于人的第二层皮肤，能够对拥有者形成象征性保护。人们认为文身与服饰一样蕴藏着马纳之力，标明文身者为神明后代，告诫恶灵不得侵犯。在岛国民众的传统认知中，人的一生从童年到成年之间存在不连贯性，需要通过成人礼联结两个人生阶段。只有经过成人礼，小孩子、青年人才能成长为成年人、战士。成人礼以部落的男性议事厅为中心，举行一系列活动。文身作为成人礼中的重要环节，弥合了童年与成年之间的断层。

文身象征着"重生"，意味着人生的转变，只有文身之后的男子才可以参与社会的方方面面，比如政治、战争、宗教等，才可以结婚生子，才可以融入父系系统中，与氏族建立起更加紧密的联系，才有权利作为部族的一员进入男性议事厅。同时，文身者在整个过程中需要忍受痛苦，学习遵从先人和长辈的教导，遵守所在部族的社会制度。忍受文身所带来的疼痛会使人变得更加成熟、更加有力量、更有吸引力，而权力对年轻人的作用也在此过程中得以彰显。

对于波利尼西亚人而言，文身是他们等级和地位的象征，越是高贵的波利尼西亚人，文身就越精美。在马克萨斯地区，男女皆要文身，男性文全身，女性文局部，主要位于上下肢，尤其是生殖器和臀部（图13）。马克萨斯地区男性繁复的全身文身密布于皮肤之上，文身者认为其可以像铠甲一样保护自身不受伤害。

---

① 范瑜、刀国华：《傣族文身的作用及其审美意义》，见《首届全国贝叶文化学术研讨会论文集》（上册），西双版纳州少数民族研究所，2001年，第290页。

图 13　马克萨斯地区男子的全身文身[1](左),
马克萨斯地区努库西瓦岛特依(TEI'I)部落贵族的全身文身[2](中),
马克萨斯地区男性臀部、腿部文身[3](右)

在萨摩亚,男性文身一般位于腰部、臀部和下肢(图 14)。部族中只有最高等级家族的男性才有使命和资格进行文身。文身前,他们会准备盛宴和礼物招待亲属和文身师。男孩在文身之前需要隔离数日,文身完成的时刻称为"假死",此时,灯全部被熄灭,碗被打碎,水洒在室内各处,意味着完成了对于男孩的启蒙。"假死"之后"重生"的男孩会作为成年人被部族所接纳。

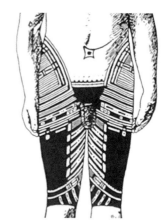

图 14　萨摩亚男性文身[4]

---

① 福克·德·容齐耶尔,1880 年。
② 1804 年。
③ 20 世纪 70 年代。
④ Felix Von Luschan,1896 年。

在战争中,男子会佩戴由羽毛、玳瑁、珍珠母等精制而成的饰物,同时通过文身联结已逝的勇猛战士以及祖先、神灵,希望先人能够庇佑他们在战争中取胜。在马克萨斯群岛的一些部族中,文身被雕刻在木质的腿或手上(图15),一方面保护战士安然无恙,一方面让他们变得更加勇猛,为战士赋予神性和能量。在文身的护佑下,即便战死,战士们也可以勇敢地走向大海,走向另一个世界。

图 15　马克萨斯群岛文身图案木雕手臂①

在一个以鳄鱼为图腾的部族里,男性议事厅到处充满了鳄鱼祖先为他们留下的痕迹,议事厅外的柱子上装饰着鳄鱼木雕,成人礼上吹响的圣笛是来自鳄鱼祖先的召唤,仪式过程中的文身是鳄鱼祖先留在他们身上的痕迹,提醒他们不要忘记自己是鳄鱼的后人(图 16)。在内心深处,他们甚至认为自己就是鳄鱼。

---

① Louis Stevenson 收集,1890—1894 年。

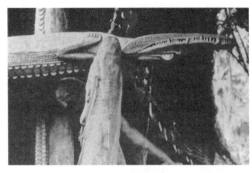 

图16　巴布新几内亚塞皮克流域男性议事厅外部支柱上的鳄鱼图腾木雕(左)，
成人礼上男子的鳄鱼文身①(右)

一个人的皮肤不仅仅是一层膜而已，它所包裹的是自我和社会的结合体。通过文身，马纳之力得以在部族生生不息地传承与循环，人们希望这种来自祖先、自然、神灵的力量转移到文身者身上，使其获得更为强大的生命力。

(二)文身中跨越时空的图腾回响

文身是百越民族的典型文化现象之一。在江苏连云港将军崖新石器时代的岩画中便发现文面人的形象，可见文身在此地区历史久远。《汉书·地理志》记载，"(越人)文身断发，以避蛟龙之害"，证实了越人的文身习俗。

古代百越分布极广，因此文身图案不尽相同，但龙麟是最主要的纹样。《淮南子·原道训》写道："被发文身，以像鳞虫。"《史记·吴太伯世家》说："断其发，文其身，以像龙子，故不见伤害。"《说苑·奉使》记载："(越人)剪发文身，灿然成章，以象龙子者，避水神也。"人们通过文身，使自己看上去像蛟龙的亲族，期冀获得蛟龙族群的认可，避免为其所伤。此处所言蛟龙，专家认为疑似鳄鱼。越人习水使舟，难免为鳄鱼所伤，因此对鳄鱼产生恐惧和崇拜心理，把它神化为龙，并以其纹文身，祈求其庇佑。前文所提巴布新几内亚塞皮克流域成人礼上男子的鳄鱼文身与此可谓遥相呼应。

百越部族成员需经过成年礼，才能被氏族群体所接纳，才能享受部族成员的权利。因此，成人礼是男子一生中最重要的事情之一，而文身是成人礼

---

① Christian Coiffier,1998年。

中的关键环节,《淮南子·泰族训》记载越人文身过程中"被创流血,至难也;然越为之,以求荣也",这一现象也与前文所述太平洋岛国文身性状几近一致。

春秋礼器青铜鸠杖出土于浙江省绍兴市漓渚中庄村坝头山,木质杖身已腐,杖首立一鸠鸟,杖镦底端为一跪坐人像,头发在脑后成椎髻,横穿发簪。通身卷云纹、几何纹,臂上蝉翼纹(图17)。此杖集中体现了百越民族的鸟图腾崇拜、文身等习俗。

图 17　绍兴漓渚中庄村坝头山春秋青铜鸠杖

百越文化在壮、傣、侗等民族中得以延续,当我们放眼广袤的太平洋时,不禁惊叹于太平洋诸岛国与百越地区图腾文化的高度相似。

结　语

千年一弹指,倏然而过;文明如长河,延绵流淌。人类的来路与去处是永恒的谜思,对于自身来路与去处的探寻也是亘古不变的主题。放眼望向太平洋岛国,回首注目古百越地区,二者艺术中的图腾文化遥相呼应。

除了人类学、语言学研究之外,心理学研究成果为我们探讨太平洋岛国艺术与百越地区艺术的共通性提供了新的思路和角度。我们拨开表象,探寻太平洋岛国艺术源头,发现了古老的百越,而在百越的深处,则是人类的集体无意识。

奥地利心理学家西格蒙德·弗洛伊德(Sigmund Freud)将人的精神分为意识和无意识两大领域。著名的"冰山理论"诠释了意识与无意识的关系:如果将人的精神比作一座漂浮在海面上的冰山,那么意识仅为冰山一角,其余潜藏在海平面以下的 90% 属于无意识领域。无意识形成于受精卵,始终伴随着人的成长,是过往生活的印记,因为某种障碍不能表达,潜存于人的精神世界,时时影响着人的心理、人对于事物的感受与判断。弗洛伊德的无意识理论指向每一个个体的人,属于"个体无意识";瑞士心理学家卡尔·荣格(Carl Gustav Jung)在弗洛伊德"个体无意识"的基础上进一步提出了"集体无意识"。还是以"冰山理论"为例,荣格进一步认为,潜藏在表象之下的不仅仅是冰山,还有整个海洋,冰山也属于海洋,海水承载着人类自古至今共有的意识,这种人类共有的意识就是"集体无意识"。集体无意识是人类共同的精神遗传,没有种族、民族、国家、族群、个人的分别,是人类关于成长的共同记忆,因此是一种普世性的存在。荣格认为人不是生而空白的,而是自诞生之时起就携带着人类世代积累的共同记忆。通过一座座冰山,人类的"集体无意识"在某一个个人或群体中有着具体的显化。集体无意识具体表现为散布于全球各地的人类早期文明中共同存在的图腾、万物有灵等文化现象,荣格在他的著作中提到衔尾蛇、曼陀罗等皆为人类集体无意识的"原型"。简单来说,如果个体无意识是位于水面之下占比 90% 的冰山的话,那集体无意识可以说就是全部的水域。存在于不同地域的古老神话、原始宗教和图腾信仰,证明了人类在集体无意识领域的共通性,证实了人类共同的原点。可以说,集体无意识是人类共同的精神母床。

太平洋岛国与百越地区艺术中图腾文化的相似性,是否共源于人类的集体无意识?远古人类相信万物有灵,对自然现象心存敬畏,看到鸟在天空、鱼在水中自由行动,便希望获得它们的能力,因此以鸟羽、鱼鳞装饰自己的身体,希望借此增强自身力量,趋吉避凶,服饰、文身皆是此类心理的外化;文身上的图腾,可以使文身者获得部族、社会甚至已逝祖先的认同,文身者有着共同的消灾祈福的愿望。二者对自然的敬畏、对生命的尊重、对祖先的依恋如出一辙,是人类共同的心理诉求。

不管是太平洋岛国艺术还是百越地区的艺术,都与当地信仰、习俗密切相关,他们在各自土地上以独特而虔敬的语言书写着族人的精神世界,却让我们看到了人类文化的殊途同归。

《黑暗》中的本土化互文写作模式探析

周芳琳[①]

口传,作为人类交流的首个也是最普遍的方式,远不只是"说话",而是一种动态的、高度多样化的听说媒介,对人类发展、存储和传播知识、艺术和思想起着重要作用。它通常与读写形成鲜明对比。口头讲述与文字读写是各自独立的系统,尽管自文字产生以后,二者一直不断发展并相互影响。在所有的社会,文字与权威相联系,即一个创造者阐明规定,并有权强迫他人服从;当文化牵涉进来时,则会出现文化权力之争。在波利尼西亚文化的发祥地萨摩亚,文字读写历史迄今不足 200 年,口传历史却已有 3000 年之久,岛民们代代口传心授,博闻强记,发展出系统而成熟的口传文化。口传可谓萨摩亚人没有文字之前的历史记录,是萨摩亚民族认同的集体记忆。19 世纪末,欧洲传教士们为了便于宣教,创立以拉丁字母为基础的萨摩亚本土语拼写体系,当地人才开始接触读写,土著口传和西方引入的读写之间的碰撞和较量随之产生,而这实则是本土文化和外来文化之间的文化权力之争。口述传统的落败史也就成为萨摩亚的被殖民历史。

《黑暗》(*Pouliuli*)是萨摩亚文学之父艾伯特·温特(Albert Wendt)的早期杰作,讲述了 20 世纪 70 年代在萨摩亚的玛拉伊鲁阿村庄以权力整肃为由展开的颠覆性的权力之争。76 岁的主人公法莱阿萨·奥索瓦拥有"阿里

[①] 周芳琳,安徽大学外语学院讲师、安徽大学大洋洲文学研究所成员。本文是 2016 年度国家社会科学基金重大项目(项目编号:16ZDA200)"多元文化下的大洋洲文学研究"的子课题"多元文化视野下的大洋洲文学研究:南太平洋岛国卷"的阶段性成果;2018 年安徽省高校人文社科研究重点项目"超越独立,多元融合——萨摩亚作家温特 1980 年以来的文学创作研究"的阶段性成果(项目编号:SK2018A0019)。

伊"①头衔和"马他伊"②双重头衔,德高望重的他对以往的功名权力突发厌倦,某天早晨醒来后他开始装疯卖傻,私下却与心腹挚友拉奥玛图阿密谋在新族长的推选中逐一剔除不良人选。计划即将大功告成,却因他的中意人选误杀竞选对手而翻盘,钻营权谋的人趁势继位,法莱阿萨因此真的疯癫了。温特研究专家沙拉德(Paul Sharrad)认为小说"通过整合强有力的象征和对经典之作《李尔王》(*King Lear*)的高辨识度引用达到了现代主义作品的有机统一"③,研究第三世界作家的美国学者查尔斯·拉森(Charles Larson)称其为"南海岛国人写过的最重要的作品"④。迄今,国内研究温特的10多篇论文中,专论《黑暗》的仅见《波利尼西亚的〈李尔王〉》和《论〈黑暗〉的魔幻现实主义写作色彩》两篇,研究发展空间广阔。国外学者研究《黑暗》多从历史或宗教视角探索其反殖民主题意义,或是将其与其他作家的作品作平行研究,或是剖析其写作技巧,将其归入后现代风格类型,比如《想象未来:在〈黑暗〉和〈玛依巴〉中重构身份》《温特与历史问题》及《南太平洋文学作品中的宗教意象:解读〈黑暗〉》等文章,这些研究固然最终都关联温特的反殖民主题,但研究视角几乎都是从西方出发,尚无人从土著视角深度检视剖析该作品,这也是笔者选取萨摩亚口传视角展开研究的原因和本文的新意所在。

本文旨在运用哈特姆的互文分类方法,从内、外互文性方面检视小说的口传特色及萨摩亚文化方式,从而探究温特内在的写作方式与创作主旨间的联系。既然互文性是文本间的相互映照,那么分析互文性的视角和参照物可以双向互换,文化视角的转换则引出对文化现象的不同看法和领悟。本着"文化相对论"原则,从萨摩亚本土文化视角出发,在内互文性方面分析情节、结构、人物等小说要素与口传的关联,在外互文性方面考察小说文本与20世纪世界文学,以及与萨摩亚社会文化、历史变迁的关联。笔者认为,温特创造了一种远离西方文化中心的本土化互文写作方式——利用萨摩亚口述传统

---

① 原文为萨摩亚语,意指大家庭的族长、高级马他伊。
② 原文为萨摩亚语,"族长、酋长"之意。
③ Paul Sharrad, *Circling the Void*: *Albert Wendt and Pacific Literature*, Manchester: Manchester University Press, 2003, p. 105.
④ Charles Larson, World Literature Today, 52 (Spring 1978), p. 247.

模式,诉诸文字记录,以"文化逆写"揭示出萨摩亚的黑暗殖民历史和阴郁沉重的萨摩亚当代社会现实,以此抗议无情的帝国压制和文化侵略,同时提振民族文学和文化。温特这种读写糅合土著口传的本土化互文写作方式反映出现代社会下南太平洋文化的异质性和作家卓越的文学创新力。

一、内互文性考察下的口传特色

"内互文性"与"外互文性"构成"互文性"理论的一体两面,"内互文性"研究各个不同的文本单元如何组织成一个文本,"外互文性"研究某一文本与他文本以至社会历史文化这个宏大文本之间的关系。其中,"外互文性"是"内互文性"的基础,"内互文性"则是"外互文性"的文本呈现。对一个具体文本而言,互文研究从"内互文性"开始,通过对其"内互文性"的文化内涵的深入挖掘,"外互文性"自然显现[①]。

乍一看"波利尼西亚的《李尔王》"这一表述,读者或以为温特是在参照、模仿《李尔王》这部西方经典来创作《黑暗》,学习西方文学艺术表达。这种考虑其实受了"西方中心论"影响,出自西方文化视角。如果我们切换到太平洋文化视角,则会耳目一新。首先从内互文性方面分析,《黑暗》的情节编制、叙事结构以及人物设计均围绕萨摩亚口述传统展开。温特就是利用土著的口传文学模式讲述一则发生在萨摩亚的故事。

(一)"口口相传"的互文情节

萨摩亚地处南太平洋地区文明程度最高的波利尼西亚文化的中心,口头文学极度发达,神话、传说、故事、民歌、民谣、说唱等丰富多见。在南太平洋宣教的牧师塞缪尔·埃拉在他收集的当地口述材料中曾经列举了11种题材的萨摩亚口头文学,多以圣歌或民谣的形式呈现;埃拉还描述了伴随每一种形式的舞蹈、手部动作和合唱风格[②]。小说中,口传是玛拉伊鲁阿村民生活

[①] 李卫华:《"文文相生":"内互文性"与"外互文性"——一个比较诗学研究》,载《思想与文化》(第20辑),2017年第1期,第68页。

[②] 唐纳德·狄侬:《剑桥太平洋岛民史》,张勇译,北京:社会科学文献出版社,2020年,第16页。

中很自然的一部分,"在面包果季节孕育的孩子、故事和歌曲比其他任何时候都要多"①。隶属口传形式的故事和歌曲如同生育繁殖一样基本——法莱阿萨的好友拉奥玛图阿这句话极具萨摩亚风情:与当地特色树木"面包树"相关联,儿童、故事和歌曲三者的合一使口头叙事成为萨摩亚乡村生活自然而又特色显著的部分。

小说的情节正是在这样的背景下展开,而且凭借口口相传而发展。其一,法莱阿萨假装疯癫,暗中却打算对村中领导层进行全面改革,但民众不可能相信疯子的话语,他只有依赖心腹朋友拉奥玛图阿以口耳相传的方式往来通风报信。其二,他俩的密谋也是依赖话语策略展开:羞辱装腔作势的乡村牧师弗勒莫尼;散播风言风语以扳倒另一个族长萨乌;指摘提拔上来的马拉戈变得投机与钻营;召开村议事会开展辩驳。这些无一不需要使用语言策略。其三,书中明暗两条线索并行:明线即上述法莱阿萨与外部世界的斗争,暗线则是法莱阿萨内心世界的多次"闪回",展现主人公的成长经历及精神危机。而这种并行正是口述性特征之一(后文有论述)。此外,小说第一章以他们精心策划散播的传言开始生效来结尾:"那个礼拜,一个激动人心的故事……传开来……. 那个故事,像其他的一样,经过人们一个加一个的想象,越传越广,越传越复杂,越传越神乎……"②这种写法意味深长,一是开篇定框架,暗示情节在口口相传中展开,二是让读者感觉到村民都牵涉进口耳相传的活动中,俨然参加集体性活动,而"集体性"恰是萨摩亚传统文化的一大特色。这样看来,口传成了书中制造和解决问题的有效途径和主要情节要素,温特借此在揭露殖民余孽造成萨摩亚腐败现实的主题同时,致敬民族传统。

(二)"法葛葛"风格的互文叙事结构

从现当代西方文学理论着眼,后现代小说在叙事结构方面常常颠覆传统小说,消解线性叙事,代之以平行式、散点式、辐射式等多种结构类型,《黑暗》

---

① Albert Wendt, *Pouliuli*, Hong Kong: Penguin Books, Ltd, 1977, p. 87.《黑暗》尚无中译本,本文所引用的译文全部由论文作者根据原版(香港:企鹅出版公司,1977 年)自译。以下仅标出页码,不再一一说明。

② Albert Wendt, *Pouliuli*, Hong Kong: Penguin Books, Ltd, 1977, p. 18.

中就存在着"故事套故事"、神话与现实并置交织以及多重叙事视角的互文式多重叙事结构,温特因此被不少学者标定为后现代主义作家。

故事第十章的第一部分是法莱阿萨的思考发现:自由的获得是要付出代价的——装疯卖傻,会被人轻慢;放弃权力则意味着失去爱戴;要想幕后操纵权力,必须忍受饥饿与龌龊;要想赢得不受物欲驱使的仁爱,必须像所有人一样,依赖家庭和家族才得以实现①。他获得了自由,但这样做的结果是"他使得自己完全不被家族需要……变得毫无价值"②。这些文字不由得让读者联想到萨特的《存在与虚无》中有关自由的思考。第二部分法莱阿萨回忆了萨摩亚一个古老的有关黑暗之神波利乌利的传说:天神与女子希娜结合生下一子,形似畸形蜥蜴,取名皮利。一天,皮利看见自己的倒影,意识到自己的丑陋,找到父亲交出自己半人半神的身份,重生为正常人形(互文于法莱阿萨的境况:被高位孤立,愿意为回归自我、寻求理想而放弃权力)。皮利有三个精神伴侣:塔乌萨米特勒、勒勒玛洛西、波利乌利("波利乌利"即萨摩亚语"黑暗"之意)。皮利劫持希娜为人质,迫使天神作出承诺:如果皮利完成三项任务就解除对他的魔咒。皮利依靠三位朋友完成了任务,其中最后一项是他边说话边消失在波利乌利的巨嘴里面(互文于小说情节:法莱阿萨疏离人群,却继续靠"说话"操纵着乡村政务)。晚年,统治太平盛世的皮利要把国土分给三个女儿(互文于李尔王的故事),最受宠的女儿却说他是"没有权利活下去的无用老头"③,皮利跳入黑暗之中,再没现身。第三部分法莱阿萨回想到童年时期在教堂门口的台阶上看到的那位奇特的疯癫老人面对天空默默无语的情景。这位老人"在战争爆发的那年来到村里",被法莱阿萨家族收留,在法莱阿萨的梦里老人总是爱意无限,连他父亲本人都对这个老人相当恭敬。这位陌生人说他受到"食人肉记忆(白人妖魔化太平洋岛民的印迹)"的折磨。夜间他在村中摆圆石阵,奇怪的举动招来村民的风言风语,但最终作为"上天的赐福"受到欢迎。法莱阿萨偷拿石块,破坏了老人的石头阵。很快,老人消

---

① "萨摩亚方式",萨摩亚语为"Fa'a Samoa",参见后文介绍。
② Ibid:p. 94.
③ Albert Wendt, *Pouliuli*, Hong Kong:Penguin Books, Ltd, 1977,p. 97.

失了,留下被剥去"纯真的胎膜"的心神错乱的法莱阿萨①。实际上,这个来去遁形的老人是法莱阿萨的精神之父,是萨摩亚传统生活和文化的象征。需要指出的是,最后这部分的叙事人称有所改变。从主导回忆的第三人称突然转到泛指的第二人称,从而打破了时间顺序叙事、全知叙述和单一视角的模式,提供了开放式叙述空间,激发读者的想象力和理解力。

这种互文式多重叙事结构和方式起到了三重功效:自然层面,它部分解释了法拉阿萨目前的精神危机,他的内疚出自"背叛"了自己的精神之父。神话层面,老人的故事是本章节作者精心编织的平行于法莱阿萨目前情形的三个神话传说之一,比肩皮利和波利乌利的传说,其中波利乌利的传说让读者通过神话和象征明白了小说题目的来源,道出了黑暗的殖民历史、黑暗的现实存在并预示了黑暗的未来——"尽管我们来自黑暗,但最终还是要回到黑暗中去的"②。现实层面,作为法莱阿萨精神之父的老人是萨摩亚传统文化的象征,法莱阿萨"背叛"自己的精神之父则象征了萨摩亚人长期受西方殖民影响,背弃集体原则的传统生活方式,转而追求物质享受和金钱至上的西方个人主义。

换从太平洋文化视角看,温特的叙事遵循的是萨摩亚口述传统中常见的"法葛葛"③模式。"作为任何一种口头传统……都是由故事家或歌手经过家族的传承或与当地老故事家的学习而口传心授的,而不是任何人的随意口头讲述,口头传统有它特有的讲述法则、故事结构和人物形象"④。作为口传类型之一,"法葛葛(fagogo)"是萨摩亚人引以为傲的文化宝藏,其意为"在晚间讲故事",尤其为萨摩亚孩童所期待,惯常是睡前在黑暗中进行,充满仪式性:聆听者需要应声"阿喂"以表示他醒着并在聆听,或用以表达对故事讲述者的赞赏;讲述者一般都是老年女性。fagogo 的特点是可以说唱结合,故事情节可以枝节横生:为了讲述需要或引起听众的兴趣,讲故事的人可以适时添加片段,分述其他情节。温特曾在题为《故事技巧》的写作访谈中说过 fagogo

---

① Ibid., p. 110.
② Ibid., p. 145.
③ 萨摩亚语 fagogo 的音译,原意为"晚间讲故事"
④ 汪立珍:《口头传统与族源研究探析》,载《社会科学家》,2018年第1期,第144页。

的讲述方式：

"后现代主义"混合并不新鲜。我的祖母以前常常给我们说 fagogo；如果她意识到我们无聊、要入睡，就会停下。她这样说来唤醒我们："醒醒，要么故事不讲下去了。"或者会说："我现在要你唱 tagi。"在 fagogo 中，有一个你必须回唱的颂歌，让故事讲述者知道你还在听。如果她觉得你无聊了，她就会切换故事，走到另一条切线上。即使 fagogo 有固定的形式，她也会去讲另一个子情节。她会说，"好吧，记住这个故事"，然后离开，过后又回到主故事；或者她会开始唱一首歌。所谓"后现代主义"混合并不新鲜。①

温特特别强调西方后现代并不先于 fagogo，他的回忆内容也吻合 "fagogo"情节旁生的特点。这一旁生添加性特征还得到学术研究证实：在将口述作为一种具有特殊结构的交流媒介研究领域，美国学者瓦尔特·翁（Walter Ong）的研究最受认可，他在专著《口头性与书面性》（*Orality and Literacy*）中提出了口传的九项典型特征，第一项就指出口传思维的表述是"添加的而非递进的"②，也就是说，口述单元的组织结构倾向于并列，一个线索或情景与另一个相接，具有大量互相包容的层次。《黑暗》就体现了口述的添加性特征，口述的并列结构体现为添加性故事与主干故事平行而形成的多重叙述结构：三个神话的并列、神话与现实的虚实并置、历史与现实的交替穿插，以及贯穿全文的明暗两条线索的并行等。这些多重叙述与前文分析的多重互文不谋而合，有异曲同工之妙。

（三）口传相关的故事人物设计

在讲述法则上，温特选用自由间接引语的叙事话语类型来安排拉奥玛图阿这一人物与口述产生密切联系。小说叙述除了第十章结尾处采用泛指的第二人称之外，其他几乎都采用了自由间接引语的话语类型。叙事学研究者

---

① Juniper Ellis, "The Techniques of Storytelling: An interview with Albert Wendt", *Ariel*, Calgary: John Hopkins University Press, Jul 1997, p. 82.

② Walter Ong, *Orality and Literacy*, 30th Anniversary Edition, Routledge: Taylor & Francis Group, 2012, p. 37.

申丹认为,作为以第三人称视角叙述人物的语言、感受、思想的话语模式,自由间接引语包容了作品叙述者和作品人物两种声音,呈现的是客观叙述的形式,表现为由作品叙述者展开描述,但在读者心中唤起的是人物的声音、动作和心境。据此,小说中心人物法莱阿萨的各种外在行为和内在思想活动——回忆、联想、印象、情绪等,读者都可尽收眼底。同时,书中许多场景,包括法莱阿萨假装疯癫、自我封闭后许多往来行为和反应都要借朋友拉奥玛图阿之口被叙述展现,拉奥玛图阿成了申丹所指的作品叙述者,起到了类似中国说书艺人的作用;在萨摩亚,他就相当于一个口述活动中讲故事的人,直接扮演了萨摩亚口述文化传承人的角色。温特在谴责列强压制的主题之下设计这样一个口述传承人的形象,提振民族传统的用意显而易见。

此外,书中人物摩西和疯癫老人的形象设计也与口传相关,两位都成为口述传统遭受西方读写文化排挤压制的牺牲品,映衬出反殖民主题。在19世纪晚期的南太平洋,传教士为了传教方便,利用拉丁字母创立了当地文字拼写体系。文字的使用固然标志着太平洋部落文明步伐的向前迈进,但是从后殖民视角看,以书写为代表的西方文化与口传为主导的土著文化的交汇,则伴随着文化权力之争,伴随着冲撞、压制和痛苦。后殖民理论家阿希克洛夫特(Bill Ashcroft)在《逆写帝国:后殖民文学的理论与实践》里指出:"文字与书写的存在与缺位可能是殖民状态的要素,因为写作所引入的并不仅仅是一种交流工具,它还牵涉到对知识和诠释的完全不同的导向,和侵略性的导向。"[①]虽然拉奥玛图阿向他的养子摩西传授过萨摩亚口述传统,但是摩西在殖民地环境下成长,一直受教于西方模式,从掌握"读、写和算术"直到成为村里首个去首都阿皮亚读书的大学生。但到第二学年末,摩西突然昏迷不醒直至去世。白人医生说"摩西崩溃前的那个晚上一直在写有关他家族和村庄的论文",诊断暗示其死亡"有线索可能是和写论文相关"[②]。在某种程度上,这暗示了口述和文字书写之间的较量,它不仅表现为传统家庭教育和学校教育这两种教育方式间的竞争,更表现为土著口传文化与西方殖民文化二者间

[①] 比尔·阿希克洛夫特、格瑞斯·格里菲斯、海伦·蒂芬:《逆写帝国:后殖民文学的理论与实践》,任一鸣译,北京:北京大学出版社,2014年,第79页。

[②] Albert Wendt, *Pouliuli*, Hong Kong: Penguin Books, Ltd, 1977, p.82.

的竞争。瓦尔特·翁的研究也证实口传思维与文字表达思维之间存在巨大差别:"口传文化根本不涉及几何图形、抽象范畴、形式逻辑推理过程、定义甚至不涉及综合描述或用语言表述的自我分析。所有这些问题都不是简单地出自思维本身,而是出自文本形式的思维。"①两种思维间的不停纠缠势必导致精神的极度紧张甚至崩溃。太平洋学者佩吉·邓洛普(Peggy Dunlop)指出,对萨摩亚群众而言,文字书写不是表达方式,仅只"搞正确",这种看法受到"强大的口头传统"的影响,"文字书写是欧洲人的艺术"②。由此可见,摩西之死的寓意是:用一定形式的殖民地文字书写来对土著口传作绝对重写,对于当地人的萨摩亚文化身份认同是致命伤害。摩西的取名对此也有所暗示:摩西之名来自基督教,来自殖民帝国,摩西之死意味着脱离本民族传统文化的新一代在殖民地环境里缺少根基,成长极易夭折。

疯癫老人的设置更加深刻地体现出土著口传与殖民书写触碰下的帝国文化压制。老人曾经像摩西一样是一名杰出的学生,早年被英国传教士父母收养,接受萨摩亚语、英语和德语的学习,年轻时是"第一个被派往国外接受神学培训的萨摩亚人"③。结束几年的宗教服务后他返回萨摩亚,却出现精神障碍(类比摩西,隐喻殖民教育的失败),穿着德国军装走军步,指责基督教会"和他死去的父母偷走了他的灵魂,取而代之的是 Papalagi④ 的残废灵魂"。从那以后他开始在村庄间游走,"尝试找到他真正的灵魂"⑤。机智的读者立刻领悟出萨摩亚殖民接触史与老人的身世的隐喻关系:最初受英德两国控制,被强行输入西方宗教和西式教育,因备受压制而疾患丛生,苦苦寻觅日渐衰微的民族传统。因此,老人的经历就是萨摩亚的殖民史,老人就是以口述为代表的萨摩亚传统文化的化身。

老人身处的现代殖民社会因为殖民者的到来存在着口传与书写的权力

---

① Walter Ong, *Orality and Literacy*, 30th Anniversary Edition, Routledge: Taylor & Francis Group, 2012, p. 55.

② Peggy Dunlop, "Samoan Writing: Searching for the Written Fagogo", *Pacific Islands Communication Journal* 14.1, 1985, pp. 41~42.

③ Albert Wendt, *Pouliuli*, Hong Kong: Penguin Books, Ltd, 1977, p. 110.

④ 萨摩亚语,"外国人、欧洲白人"之意。

⑤ Albert Wendt, *Pouliuli*, Hong Kong: Penguin Books, Ltd, 1977, pp. 111~112.

争夺,书写成为帝国主义把持、操纵权力之道,体现在土地割让签署、殖民地法律、财产所有权分配、标准化教育等方面。老人曾向法莱阿萨表示自己是文盲,"有读写力的人很幸运,因为他们可以用书写形式去存储、描述、监禁、驱逐并确定他们的记忆"①。他的语言认同反映出帝国叙述取代口传叙事的倾向,因为"存储、描述、监禁、驱逐并确定记忆"实则是控制的隐喻。此外,当老人无意中采用明显的殖民习语来表述欧洲人"拯救"②了萨摩亚人,"使他们从虚荣和暴力之血的非理性中疯狂摆脱出来,转变为世界的人道之光"③时,我们领会到萨摩亚人的宗教观和历史观已被西方帝国有效地改写了:萨摩亚人被记录定义为不文明、不开化、历史落后的异教徒,需要得到教化和救赎;若要做到这些,萨摩亚人必须获取教会和殖民者控制着的读写力。没有读写力、无法言说的老人被迫选择"沉默"——口传与读写的对抗中,口传落败。所以,通过塑造口传文化象征的疯癫老人和仅力争夺牺牲品化身的摩西,温特传达了一个观点:借推动文明进步之机,由殖民者引入,通过基督教救赎这一叙述而存在的文字书写,与口传为主的萨摩亚人的现代性体验极不调和。

二、外互文性考察下的萨摩亚历史文化意指

如前所述,"外互文性"是指某一文本与他文本,乃至与社会历史文化这个大文本之间的关系。任何一个文本都不是孤立、封闭地存在的,它与其他文本、与整个社会历史文化之间必然有着千丝万缕的联系。基于外互文性考察《黑暗》,其文本指涉和历史文化语境均远离帝国中心,以本土为中心,将西方文学经典糅合进自己的民族文学中,追寻民族传统文化,回写萨摩亚殖民历史,抗议殖民帝国压制。

(一)主题鲜明的文本指涉

论及某一文本与他文本之间的外互文关系,《黑暗》中的例子俯拾皆是。

---

① Ibid., p.104.
② 原文为英语 save,带有基督教色彩的词。
③ Albert Wendt, *Pouliuli*, Hong Kong: Penguin Books, Ltd, 1977, pp.104~105.

温特貌似信手拈来，实则精心建构的互文性文本间隐喻着他想表达的主题：崇尚自由独立，反对殖民压制；消解西方中心，弘扬民族文化。开篇长句中，前半句对法莱阿萨身份的介绍就是萨摩亚文化中专有名词 Fa'a Samoa 的直接互文映射："七个儿子和五个女儿的父亲""阿里伊""大约六十人睡在宽敞的草屋①地上"②，让人立刻联想到萨摩亚文化的两大特征，即大家庭、马他伊制度。后半句对法莱阿萨故作疯癫展开描述：他早晨醒来，突然"对自己以往习惯的、喜欢的，以及给予他生存意义的所有人和所有事都充满了无法忍受的恶心……狂吐不止，胸口的东西翻腾出来，吐得草屋墙上四处都是"③。这与萨特的作品《恶心》中人物的表现构成互文。《恶心》的主人公洛根丁发现周围的一切人和事物都与他不融洽，莫名其妙，毫无意义，故不适且时常"恶心"。其实，洛根丁是在与人生搏斗，力图摆脱他的真实存在去实现某种自由，即萨特希望表现的"存在与自由"。这样，温特在开门见山的描述中将读者带入浓厚的萨摩亚文化氛围中，借力互文映衬主题：争取自由，摆脱束缚。这不仅体现在法莱阿萨个人层面，更体现在群体和民族层面。

詹姆斯·乔伊斯的文本在小说中也有迹可循。法莱阿萨开始他"令人欣喜的战斗——作为一个自由人活下去"④之时，他认定"沉默是他可以使用的另一个有效武器"，以此来对抗他的大家族和整个村庄的头领们。这与乔伊斯的小说《一个青年艺术家的肖像》中斯蒂芬那个著名的宣言形成互文："我要做的是，尽可能自由地，尽可能完整地，在某种生活模式或艺术模式中表达我自己，用我唯一允许自己使用的武器来为我自己辩护——沉默，流亡，机敏。"⑤而《一个青年艺术家的肖像》又和《尤利西斯》形成互文：《尤利西斯》的主人公也是斯蒂芬，一位青年诗人、历史教师（与温特的身份相像）。而且该书的主题之一正是弘扬爱尔兰民族解放精神。斯蒂芬刚一出场，就在流动的

---

① 原文为萨摩亚语，音译"法雷"，"草屋"之意，典型的萨摩亚民居。
② Albert Wendt, *Pouliuli*, Hong Kong: Penguin Books, Ltd, 1977, p. 1.
③ Ibid., p. 1.
④ Ibid., p. 10.
⑤ 詹姆斯·乔伊斯，《一个青年艺术家的肖像》，徐晓雯译，南京：译林出版社，2014 年，第 251 页。

意识里不断地控诉大英帝国对爱尔兰的奴役,散见于作品中那些谈论民族反抗与爱国志士的话题,那些有关民族问题的议论与斗争,以及遍布全书的对被侵略被压迫人民窒息而麻木生活的描写,都清晰完整地表现了这一主题。关联这些互文性内容,我们领会到它们与温特关于西方列强对萨摩亚民族文化和精神控制的控诉有共通之处。

温特始终关注萨摩亚被殖民的历史,但他没有直接控诉,而是巧妙而含蓄地揭示。比如,文中对法莱阿萨因未遵从疯癫老人而心神不宁有如下描述:"记忆不停地从像拉撒路尸体那样的死者身上升起。他感觉一个悲伤的魔咒要降临到马拉伊鲁阿村民头上",老人形象以"破茧出壳的获得重生的蝴蝶"出现在他脑海里①。这与叶芝(W. B. Yeats)的名诗《第二次降临》中的内容存在互文性:

> 在越旋越远的涡旋中旋转啊旋转,
> ……
> 无疑某种启示即将到来,
> 无疑第二次降临即将出现。
> ……
> 二十个世纪的昏昏沉睡
> 被摇篮摇动扰起恼人噩梦,
> 狂暴的野兽,它的时辰终于到了,
> 懒洋洋地前往伯利恒投生?②

第一次世界大战后,叶芝创作《第二次降临》为这个充满罪恶、暴力、混乱和颓废的世界发出哀叹。温特借助互文让读者对萨摩亚社会混沌阴暗的现实产生联想。两个文本意象相近,略有不同的是在叶芝那里是重生的"狂暴的野兽",而在温特那里是"破茧出壳的蝴蝶",后者意象更为积极,象征着萨摩亚传统文化的回归和发扬。此处互文尤其精彩:众所周知,1914年是"一

---

① Albert Wendt, *Pouliuli*, Hong Kong: Penguin Books, Ltd, 1977, p. 98, p. 101, p. 113.
② 彼得·霍恩:《叶芝的〈第二次降临〉:抒情诗的叙事学分析》,谭君强译,载《云南大学学报》,2018年第17卷第2期,第63~64页。

战"爆发的年份,容易为人忽略的是,1914年还是萨摩亚被英、美、德三大帝国主义主宰命运、签约被转交新西兰管辖的年份。因此,我们领会到"在战争爆发的那年流落到村里"的疯癫老人实则是"萨摩亚传统文化"的象征——现代战争和帝国统治极大改变了萨摩亚的传统生活方式。以互文之技,温特不露痕迹地点出了萨摩亚的多重被殖民历史。而且,无法言说的老人被迫选择"沉默",与前文法莱阿萨认定"沉默是他可以使用的另一个有效武器"遥相呼应,构成内互文。

外互文视角下的情节也证明温特在消解西方中心。文章《波利尼西亚的〈李尔王〉》曾用现实主义文学批评的方法对《黑暗》和《李尔王》的故事情节作了细致的比较分析并得出结论:"两者在历史背景、悲剧结局、悲剧成因等方面颇多相似之处。"①从后现代和后殖民方向去审视,温特套用《李尔王》的情节来敷设《黑暗》的叙事篇章属于仿拟。仿拟作为互文性写作的常用手段之一,通过使用与原文本相似的人物、情节,撼动原文本自身的合理性,以子之矛攻子之盾,随之颠覆解构原文。《李尔王》这部西方文学经典歌颂人文主义思想,强调个人尊严和人格独立,解构《李尔王》意味着温特意在表达的意识形态是"个人"的反向——"群体";萨摩亚民族恰恰奉行"集体一致"的传统生活方式。此外,颠覆、解构经典也意味着不惧权威,不惧西方霸权。从后殖民文学角度看,《黑暗》是对《李尔王》作了"重写"和"挪移",主张话语权力中心从西方殖民地宗主国移向被殖民地岛国萨摩亚。

(二)历史意识的文化语境映射

互文性不仅表现为文本与文本之间的相互指涉,也可以指文本与社会、历史等语境之间的映射,强调文学文本不应该脱离宏大的文化语境,克里斯蒂娃、巴赫金等人的互文性概念均强调文本与社会历史的关联。因此,我们还可以联系更广阔的萨摩亚文化语境和其他文学文本,在互文网络中发掘作品更丰富的内涵。

将小说置于20世纪文学史之中加以考量,"荒诞""疯癫"和"沉默"均是后现代主义和后殖民主义作家用来反抗和颠覆殖民主义的常用手段。"荒

---

① 王晓凌:《波利尼西亚的〈李尔王〉》,载《淮北煤师院学报》,1987年第4期,第121页。

诞"源于以存在主义为哲学基础的荒诞派文学运动,从卡夫卡的《城堡》到加缪的《局外人》,再到荒诞派戏剧的代表作《等待戈多》等都在诉说无奈而真实的荒诞。当然,"荒诞"并不是反映绝望或者主张回到黑暗的非理性势力中去,而是表现现代人为了同生活于其中的世界达成和解而作出的努力。说到"疯癫",曾有学者用"殖民经历中内心黑暗的部分也许就是疯癫的历史"来概括疯癫与殖民的关系。福柯在《疯癫与文明》中作了理论性分析,有关"疯癫"的文学作品也屡见不鲜,比如多丽丝·莱辛的《青草在歌唱》、阿契贝的《神箭》等,"疯癫"可以被看作殖民侵略导致的混乱与残暴的反射镜。至于"沉默",反映的是从殖民时代到后殖民时代几百年间一直存在的整个西方话语体系中凌驾于被殖民者之上的文化与话语霸权,后殖民理论的奠基人萨义德在其著作《东方学》的卷首语中关于马克思"他们无法表述自己;他们必须被别人表述"[①]的引用就是佐证。上述三个词代表的意象在《黑暗》的几位人物身上均有明显痕迹可循。因此,"荒诞""疯癫"和"沉默"既构成书中沉郁的萨摩亚殖民历史与社会现实,又体现了作品的文学性。

更重要的是,将小说置于萨摩亚特定文化历史背景下考虑,我们可以深刻领会作家的写作意图:唤醒对萨摩亚伤痛历史的记忆,抗议西方帝国书写为代表的文化侵略。萨摩亚,作为波利尼西亚文化的发祥地,历史悠久,文化独特;专有名词 Fa'a Samoa,意指"萨摩亚方式",涵盖了萨摩亚传统文化和习俗。萨摩亚文化有三个主要部分:信仰、家族和音乐。萨摩亚人对信仰的执着和文化异质性可从他们对"文化"的理解中窥见:一般关于文化的产生都归因于人类的努力,而萨摩亚人坚持认为他们的文化具有神学渊源。由于他们对文化起源的这种信念,萨摩亚人认为文化主要是为整个民族和社会的利益服务的,因此建立起一种以集体性为基础的社会政治文化体系。大家庭和马他伊制度构成家族概念的两大要素;音乐则是萨摩亚口述传统最明显的体现。萨摩亚人就是这样以"萨摩亚方式" Fa'a Samoa 为指南,3000 年来一直定居在太平洋腹地。

但是从 19 世纪早期开始,萨摩亚历史的发展因为与欧洲人的接触而转

---

① 爱德华·W·萨义德:《东方学》,王宇根译,北京:生活·读书·新知三联书店,1999 年。

轨。1830年,伦敦传教协会传教士到达萨摩亚东海岸,从此基督教在萨摩亚群岛广泛传播,几乎彻底改变了萨摩亚人的宗教信仰。随后,从1899年英美德列强将萨摩亚古国一分为二,到1962年西萨摩亚成为太平洋岛国第一个独立主权国家而东萨摩亚依然受美国管辖,袖珍岛国在帝国主义强权压制下几易其主,备受屈辱。一个多世纪的殖民历史给萨摩亚造成的直接和间接影响极其深重:社会生活方面,古老的萨摩亚传统生活方式受到了欧洲殖民主义和西方现代生活方式的强烈冲击,口述传统遭重创而消减,注重族群观念的传统生活方式逐渐被金钱至上的现代西方生活方式所影响和取代。政治方面,独立后的萨摩亚沿袭了前殖民宗主国的西方议会制,带有西方政治文化色彩的议会民主制以凸显个人意向的民主原则为重,萨摩亚传统文化则倚重集体一致的原则,二者势必冲突。独立后,传统土著政治精英成为人民心目中的国家代表,但他们当中有些人不以促进民族国家的现代化为政治目标,相反,如何维持自己统治的合法性和权威成为他们最关注的事情。这种情况下,"议会成了个人操控权力的工具,甚至成为某个权力家族的聚会场所"。《黑暗》恰对这种政治现实作出了反映,看着选举最后演变成权力的买卖,法莱阿萨想到"由于对玛拉戈的性格特征视而不见,是他,而不是玛拉戈,要对此负责:允许市场机制渗透到马拉伊鲁阿的生活中来,让其核心沾染了致命的玩世不恭方式"①。

  结合特定的社会文化和历史背景,考虑到书中法莱阿萨生于1890年,即欧美列强瓜分萨摩亚的初年,我们明白小说就是在指涉萨摩亚黑暗的殖民史和后殖民社会的当代史。历史学专业出身的温特以此来提醒世人:被殖民历史不容忘却和改写,保护民族传统和民族记忆至关重要。

三、口传与读写的融合

  在审视作品时,我们普遍倾向于引用先进的西方文艺理论去分析研究,会不自觉地站在西方角度去考虑评判,无心落入"西方中心论"的窠臼,难以

---

① Albert Wendt, *Pouliuli*, Hong Kong: Penguin Books, Ltd, 1977, p.128.

客观而深刻地认识自身文化或他者文化的价值。互文性理论来自西方,《黑暗》中的互文性值得体味。

从现代主义文学视角看,小说中黑暗、绝望的主题,荒诞、压抑的现实情节,疯癫、沉默、疏离的人物形象,都使得《黑暗》具备浓厚的现代小说特征,书中对萨特、加缪、乔伊斯、叶芝等现代主义作家作品的关联或互文映射更加深了现代主义的色彩;因为书中"故事套故事"、神话与现实并置交织的叙事结构,以及多重叙事视角的运用,加之大量的引申、比喻、象征,温特还被冠以后现代主义作家之身份。显然,这种看法出自西方视角,因为现代主义出自西方资本主义文化。

而从南太平洋土著文化视角看,《黑暗》就是萨摩亚口传故事的文字读本。根据前文,从内互文性方面对小说情节、结构,以及人物设置中贯穿的口传因素及其与读写力对峙的考察,从外互文性方面对小说与他文本及历史、文化、社会等宏观背景联系的考察,《黑暗》就像传统说书艺人讲述的一则有关萨摩亚现代史的口传故事,这段历史穿插疯癫老人和摩西的遭遇,主要通过法莱阿萨的一生来展现。法莱阿萨是这段历史的见证人,亲历殖民文化侵略带给土著群体和个人的内外双重危机。他的"精神之父"疯癫老人的故事厘清了口头和书面这两种表达方式与各自的社会模式关联而产生的象征意义:殖民前具有自由表达力的萨摩亚口述方式,被强加的可以编码殖民地权威的文字读写模式所消声——口传与读写对峙的背后是两种文化模式的对峙。摩西的故事则隐喻了殖民地读写力带给萨摩亚人的厄运,脱离传统文化的新一代萨摩亚人成长艰难。三代人的命运或疯或亡或沉默,反映出殖民历史对萨摩亚人社会和心理等多方面的深重影响;书中法莱阿萨的挚友拉奥玛图阿既是这段历史的亲历者,也是讲述者。温特则成为这个口述故事的记录者,将土著传统的口头讲述人无法用文字固定的材料呈现在读者目前,以读写知识体系中表示"固定、不可更改"意味的书面形式存留下来。这样,他将口传与读写融合。

温特曾多次表示萨摩亚口头文学传统是影响他文学创作和审美的根基所在。在一次访谈中他说:

　　萨摩亚过去和现在都有着极为丰富的口头文学遗产。我幸运的是有那样一个祖母,她培养我具有听好故事的兴趣,至今不减,而且自己也写些故事和寓言。她对萨摩亚文化和圣经心领神会,可谓纯熟了。她还说着一口流利的英语,一到晚上就给我们讲"法葛葛"。过了几年,看了英文伊索寓言和格林童话,我才知道,祖母说的故事有的是从这些集子里取来的,不过她用的是萨摩亚语,象(像)讲"法葛葛"一样,她的表达方式比书上的好,故事一经她口,听起来比原文精彩有趣得多了。①

温特的祖母将萨摩亚民间故事和《圣经》《伊索寓言》《格林童话》交相糅合,这正是再典型不过的互文编织,关键这种互文编织并非基于西方文本,而是以土著口传为中心。

温特从口述传统中获得灵感,继承发扬,用文字在《黑暗》中编织了一种本土化的互文写作模式,这种模式摆脱了曾经的殖民话语中心,立足于民族文化立场,将由殖民者引入的读写和土著口传有机融合。毕竟,萨摩亚文化已经遭受殖民主义文化的侵蚀,是一种杂糅的殖民地民族文化。

互文,意即互相渗透,含义互见。无论从哪个视角审视《黑暗》,其主题意义都明确无疑,互为映照;但是,不同视角的背后蕴含着不同的文化方式。"互文性"不仅在小说的情节、结构、人物设置、文本指涉等方面存在着,也在不同的文化视角、口传与读写的对峙与融合中存在着。二者互为补充,使我们对作品有了更新、更深入的理解。而这一切与温特创造的读写融合口传的互文写作模式密不可分。

面对本土文化与西方文化的接触和互动,温特直言:"在所谓强势优越文化和技术的影响下,人们预期我们会死亡、消失,而我们和我们的文化却存活、适应下来。我们太平洋的故事是令人惊奇的忍耐、生存和动态适应的故事……我们已经将很多殖民地的或外国的东西本土化,以适应于我们自己,我们创造出了新的混合体和形式,甚至还本土化了西方艺术形式,包括

---

① 玛约里·克罗科姆:《访问萨摩亚诗人,作家艾伯特·温特谈话记录》,见《自由树上的狐蝠》(《大洋洲文学丛刊 第1辑》),合肥:安徽大学出版社,1981年,第267页。

小说。"①

《黑暗》中呈现的口传糅合读写的本土化互文写作方式,有力地显示出南太平洋文化的异质性和以温特为代表的南太平洋作家的非凡文学创新力。

---

① Albert Wendt, *Nuanua—Pacific Writing in English since* 1980, Auckland: Auckland University Press, 1995. Introduction: 3.

萨摩亚的三权鼎立：传统"Matai"、基督教与现代民主政体

宋 艳①

《荷马史诗·奥德赛》中记载了这样一则故事,英雄奥德修斯在特洛伊战争结束后的归途中,漂泊到了一个居住着"lotus－eater"(即"食莲人")的岛国。他的水手在吃下岛民奉上的"lotos"(即"莲花")之后,"即忘故乡,不复思归"②。地处南太平洋腹地的萨摩亚群岛风光秀丽、气候宜人,岛民热情奔放,生活安逸,被誉为现实中的"莲花群岛",游客至此,常常乐不思归。此外,萨摩亚群岛还是南太平洋地区波利尼西亚文化的发祥地,有"太平洋上的天堂""波利尼西亚的心脏"之称,深受当代文人墨客与旅客的青睐。在公元前1000年,萨摩亚已开始有人类居住。1898年美国、德国与英国为了萨摩亚岛链的控制权爆发冲突。1899年萨摩亚一分为二,东部由美国统治,即现今的美属萨摩亚;西部历经德国殖民统治、新西兰托管后,于1962年1月1日独立,成为波利尼西亚众岛国中第一个在20世纪独立的国家。1997年7月,经议会批准,元首签字,西萨摩亚更名为"萨摩亚独立国",简称"萨摩亚",本文主要针对"萨摩亚独立国"(以下简称"萨摩亚")社会体制的演化特征进行探讨。

南太平洋诸岛国多种社会体制并存,是南岛民族文化与外来文化长期碰撞的产物。美拉尼西亚语言多样而复杂,社会组织多呈现平权特征；然而,波利尼西亚各地语言相近,社会组织大多是阶层分明的酋邦,等级制度森严。至于本文重点分析的萨摩亚,长期以来,其社会的运转,主要是依靠各层级

---

① 宋艳,安徽大学外语学院讲师。
② 荷马:《荷马史诗·奥德赛》,王焕生译,北京:人民文学出版社,1997年,第173~174页。

"Matai"(马塔伊)制度。近代以来,该体制不断受到外来文化的冲击,至19世纪40年代,萨摩亚已成为基督教伦敦传教协会在西南太平洋的"地理中心和精神中心"[①]。萨摩亚国民多信仰基督教,俨然已成为基督教国家。后来,历经西方殖民统治和政治托管之后,作为南太地区第一个独立的国家,萨摩亚出现宪法、议会、法院、政党等民主政治元素。当前,萨摩亚社会架构呈现多维交叉共存的特征,即基于国家宪法规定,经济发展、文化教育与社会体制建设等,应由各级现代民主政府管理,然而,由于基层民众受根深蒂固的民族传统观念影响,现代民主政府在管理过程中,却处处受制于"Matai"的传统管理方式。此外,已经形成的各村各族遍布教会的局面,使教会领袖在各级事务中拥有举足轻重的话语权。因此,现代议会民主制、传统"Matai"阶层以及教会系统,形成了当前萨摩亚独特的社会运行体制。本文以萨摩亚为例,分析现代社会制度、传统管理习俗以及宗教信仰三者在冲突中并存的社会管理体制,为化解我国现代化建设进程中可能遇到的民族传统习俗与现代管理制度之间的冲突提供参考,促进全国多民族齐心协力,共创美好明天。

一、议会民主制下的强势"Matai"

1960年制定并于1962年1月1日生效的国家宪法规定,萨摩亚是议会民主制国家,国家元首由议会选出,任期5年。政府内阁由总理、副总理和11名部长组成,任期5年,总理由议会选出并经元首确认,总理从议员中提名组阁。议会是一院制,为立法大会,共有50名议员,其中,2个议席专门为非萨摩亚裔(混血萨摩亚人,历史上称为"欧洲人")而设,而另外48席都是各级"Matai"。此外,50名议员中,男性议员45名,女性议员仅5人。1991年3月,萨摩亚通过了《选举法修正案》,开始实行普选制,在此之前,只有"Matai"才有选举权和被选举权。修法之后,凡年满21岁的萨摩亚公民都有选举权,然而,仍然只有"Matai"才有被选举权,议员任期从3年改为5年。

---

① Paul Michael Kennedy, *The Samoan Tangle: A Study in Anglo－German－American Relations*, 1878—1900, Dublin: Irish University Press, 1974, p. 5.

从以上萨摩亚元首的产生、政府内阁的组织、议会议员的组成,以及法律的修订中可见,"Matai"几乎主导了议会民主制下的整个选举过程,且占据了98%的议员席位,体现了传统的"Matai"对现代民主制度的强势影响。那么,"Matai"是一个什么样的角色?下面简要介绍"Matai"在萨摩亚传统管理体制中的地位,揭开其神秘的面纱。

萨摩亚语"Matai"一词来源于"Fa'amatai"。"Fa'amatai"是萨摩亚群岛传统的土著治理系统,该系统的核心是"Matai"。"Matai"意为家族领袖,其存在的社会基础是"aiga"(阿伊嘎),即"扩大了的家庭"。在家族之中,"Matai"对内是一个管理者,大到家族土地的管辖,小到一日三餐的分配,都属于他们的权力范围,而对外是一个大家族的代表,如果一个大的家族因分家等原因分散居住,那么,每一个小的家族聚落都有一个"Matai"。对于一个有三个家族的小聚落,就有三个"Matai",他们三人联合起来,共同商讨这个聚落的各项事务。因此,小聚落的各个"Matai"集合在一起开会,称为"Fono",即村落会议。根据其在家族中的地位和职责,又可细分为"Ali'i"(阿里伊)、"Tulafale"(图拉法勒)和"Taupou"(陶普)。其中,"Ali'i"意为"Sitting chiefs",即"安坐的领袖",负责家族事务的最终决策;"Tulafale"意为"Talking chiefs",即"讨论的领袖",他是"Ali'i"的代言人,具有相当的"lauga",即演讲才能,言辞锋利,擅长辩论,对民众的意识形态具有较强的导向作用;"Taupou"作为女性首领,只能由"Ali'i"的女儿担任,其在家族女性成员中的影响力与"Ali'i"相当。根据管辖范围的大小,"Matai"头衔也有高低之分,或是一族之首,或是一村之长。大小、权力、职责不一的"Matai"们共同组成村委会,并由此推选"High Chief",以决策重大的村落、地区事务[①]。目前,萨摩亚总人口约20万,全国共有约2.5万个"Matai",其中5%为女性,共有360个Fono(村落会议),他们在处理村落各级事务中依然起着重要的作用。

纵观萨摩亚的发展历史,无论是在各氏族划地而居的古萨摩亚时期,还

---

① Hamogeekgirl, "Matai: A complicated System of Chief" in One Samoan (August 8 2010). http://1samoana.com/matai-a-complicated-system-of-chiefs/.

是在西方列强分割而治的殖民时期,抑或是如今独立统一的"萨摩亚独立国"时代,"Matai"作为家族首领,既肩负为族人分配物质资源的管理职责,又是他们的精神领袖和外交代表,对凝聚家族起着重要的作用。对比我国古代历史可见,"Matai"类似于我国古代的乡绅阶层,他们都是依据族规管理族众,训诫族众遵纪守法,赈济贫苦族人。乡绅作为我国旧时代基层乡村的特殊存在,作为"官、绅、民"中连接"官"与"民"的纽带,已然消逝在历史长河之中。而由于历史的沿袭和人民思想根深蒂固的影响,"Matai"至今仍合法合理地存在于萨摩亚的基层社会,并在政治、经济、文化等多方面拥有强大的影响力,最主要的体现,就是在修法之前"Matai"对于选举权与被选举权的绝对拥有,而且如前文所述,50个议员席位,"Matai"占其中的48席。其原因主要在于,萨摩亚没有经历过中国那种对封建制度展开的摧枯拉朽式的新民主主义革命,其由传统"Matai"体制过渡到现代民主制的过程比较平缓,也相对不彻底。

  尽管由于长期的被殖民历史,萨摩亚人相对容易接受西方的民主共和制度。然而,这种接受,却是以深刻保留传统Matai管理方式为特征的,传统的"Matai"管理体制影响十分深远。当家族、村落、地区间出现矛盾时,人们习惯求助于"Matai"的协调与仲裁;当政府法令与"族规""村约"产生冲突时,人们甚至拒绝法律法规而选择采用传统方式处理。此外,"Matai"的强大影响力,也促成了从"Matai"中产生的国家元首的权力膨胀,阻碍了政党的发展壮大,因为"一个亲政君主不可避免地把政党看成分裂势力,不是对他的权威形成威胁,就是使他统一国家和实现现代化的努力大大地复杂化"[1];而且,政党作为民主政治的产物,"对于建立在世袭制、社会地位或土地占有基础上的特权阶层的政治权力来说,它生来就是一种威胁"[2]。因此,萨摩亚虽然1962年宣布独立,却直到1979年5月,才出现第一个政党:人权保护党。与目光常常锁定于家族利益的"Matai"相比,由于政党具有旗帜鲜明的对内和对外

---

[1]　塞缪尔·P. 亨廷顿:《变化社会中的政治秩序》,王冠华等译,北京:生活·读书·新知三联书店,1988年,第372页。

[2]　塞缪尔·P. 亨廷顿:《变化社会中的政治秩序》,王冠华等译,北京:生活·读书·新知三联书店,1988年,第372页。

政策,有利于更好地整合国内外资源,促进国家发展和人民生活水平的提高。因此,从长期来看,政党在不断自我完善、不断取得民众信任后,逐渐取代传统的"Matai"是大势所趋。然而,当前的萨摩亚议会民主制下"Matai"占据绝大多数议员席位、在选举与被选举权上占据绝对优势等规定,使得"Matai"在萨摩亚现代社会管理体系中,依然把持话语权,这是一种符合当地国情与历史、相对最优的萨摩亚特色议会民主制,避免了与传统"Matai"管理体制的正面冲突。未来萨摩亚社会体制的变迁,依然取决于这些在现代议会民主制下任职政府内阁的"Matai"们管理与服务意识的演变。

二、最高"Matai"首肯下基督教的传入和影响

第一群发现萨摩亚的人并非探险家或贸易商,而是传教士。1828年,伦敦卫斯理公会的传教士最先到达萨摩亚,但由于未提前与土著统治者"Matai"进行有效沟通,被其拒之岛外,无功而返。1830年,伦敦传教协会传教士John Williams和Charles Barf带领八个传教士家庭,乘坐"和平信使号"船到达萨摩亚东海岸。他们吸取了前人的教训,先在船上与当时萨摩亚的最高层级"Matai"马列托亚进行了会晤。最终马列托亚允诺为John Williams等人的传教提供保护与帮助,由此开启了基督教在萨摩亚群岛传播的历史。仅仅两年之后,当另一艘载着传教士的"橄榄枝号"船前往萨摩亚之时,已有成千上万的土著居民宣称自己为基督徒,并亟待建造更多的"lotu"①。1839年,萨摩亚岛的基督徒人数已占到全岛人口的三分之二②。

基督教的传入,给萨摩亚群岛带来了宗教、文化、经济和政治等多维影响。首先,萨摩亚有文字记载的历史仅有200多年,因此,传教士传播"福音"、创办教会学校、普及萨摩亚语《圣经》的历史也是当代萨摩亚主流文化的发展史。1848年,第一版萨摩亚语《新约圣经》出版,1855年《旧约圣经》出版,每个村庄至少有一间教堂,且村庄中多数居民都成为了基督徒,许多学校

---

① 萨摩亚语,"教堂"之意。
② Ellison, Joseph W., *The Opening and Penetration of Foreign Influence in Samoa to 1880*, Corvallis: Oregon State College Press, 1938, p. 22.

都是由教会所建立。传教士和牧师一直在萨摩亚享有特殊的地位,受到民众和村委会的推崇。甚至有时,土著居民对上帝的虔诚敬拜是白人信徒也无法比拟的。19世纪90年代,著名苏格兰作家罗伯特·史蒂文森离世前定居在萨摩亚,视其为"第二故乡"。因为史蒂文森十分同情受殖民压迫之苦的土著,热情的萨摩亚人呼之为"图西塔拉"①。他在小说《退潮》中描述过萨摩亚基督徒的信仰生活:土著人每逢周日,就拿出《圣经》阅读,或聚在一起唱圣歌。"凡是他们知道是好事情,他们就很忠诚地去执行"②。此外,萨摩亚传教士不仅带来了新品种的农作物和先进的农业种植方法,而且改变了萨摩亚人的着装习惯、建筑风格以及婚姻模式等。最重要的是,一方面,基督教在萨摩亚的顺利传播得力于土著首领"Matai"的支持与配合;另一方面,传教士的精神影响也对凝聚人心、稳固"Matai"制度起到了一定的作用。西方宗教进入萨摩亚,是萨摩亚传统"Matai"在一定程度上主动接受的结果,总体而言,二者并未产生大的冲突与分歧。这也与"Matai"自身的角色与定位有关,虽然"Matai"常常受到尊崇,然而,成为"Matai",意味着需要为家族成员服务更多,而不是仅仅发号施令,这与基督教的相关教义互相吻合。然而,由于教会数量和影响力的迅速增长,各样的小冲突却时有发生。

萨摩亚独立后,本土牧师大量涌现,成为领导萨摩亚教会的中坚力量。2016年,萨摩亚人口中基督徒和天主教徒占97%。据萨摩亚卫理公会③的数据显示,卫理公会培养的本土牧师达到1048人。每个萨摩亚人从出生起,不仅属于其家庭、村落、地区,也属于其所在的教会④。萨摩亚人对上帝的信奉和依赖,无形中稳固了"Matai"的统治。而一贯注重血统和"世袭制"的"Matai"阶层,选择了不断调适与教会的关系,将其发展尽量控制在有利于"Matai"体制的范围内。首先,长老和首领一般依据"Customary law"(意即"习惯法")来裁决地区事务,包括宗教活动。例如,新的宗教活动如果与当地

---

① 萨摩亚语,"故事家""文学家"之意。
② 史蒂文生(森)、奥士(斯)本:《退潮》,江泽玖译,上海:上海译文出版社,1984年,第178页。
③ 卫理公会是由基督教新教卫斯理宗的美以美会、坚理会和美普会合并而成的基督教会。
④ 石莹丽:《在碰撞与调适中走向现代:萨摩亚酋长制与民主制的冲突与融合》,见倪学德编:《列国志:萨摩亚》,北京:社会科学出版社,2015年,第126页。

习俗抵触，"Matai"们往往会加以禁止。其次，教徒如对教会活动过度狂热，也会让首领们感到焦虑和不安。萨摩亚有些地区的家庭，每月对教会的奉献，甚至达到家庭收入的30%以上。这在一定程度上有悖于地区首领大力发展当地经济的愿望。再次，教派与教派、宗教与宗教之间有时产生摩擦与冲突，进而导致家庭成员的反目，抑或地区群众的分裂。此时，各级"Matai"往往介入，采用他们传统的处理方式，化解危机，使事态不至于扩大。

"Matai"对宗教发展的限制，有时也不仅仅是基于维护地区的政治经济利益。例如，"Matai"本身如果是某种宗教的信仰者，通常不会允许其辖区内出现其他宗教活动。2002年5月，在萨摩亚Saleimoa村，五位村民被当地"Matai"驱逐，因为他们在首都阿皮亚加入了"神召会"，被"Matai"认定为异端。与此同时，另一个村庄Falealupo的十个家庭也被迫流离，原因是他们坚持研读基督教《圣经》，而村里的长老和首领却是其他宗教的信徒。与各村镇相比，作为萨摩亚唯一的城市，首都阿皮亚由于经济相对发达，人民思想较为开放，对传统习俗的依恋较少，"Matai"阶层的控制力较弱，各种宗教活动相对开放和自由。

三、宪法、教会与"Matai"的三权鼎立

如前文所述，宪法规定：萨摩亚是一个议会民主制国家，元首、议会、总理及其内阁等组成了官方对内管理和对外交流的组织体系。当前政府内阁是于2016年3月组成的，包括总理、副总理及11名部长在内共13名成员。在国家层面，他们代表国家行使各样权利；在乡镇基层，他们又往往是各村落家族的"Matai"；在教会层面，他们常常是各教会的核心成员乃至管理者。可见，在现实生活中，这三条管理线常常互相交叉、互相渗透、彼此融合。

首先，宪法是立国之本，在萨摩亚也是如此。对内，宪法既确定了萨摩亚的民主政治体制，又保障了人民的民主权利，使人民有法可依、有法必依。对外，宪法的确立有利于保持萨摩亚开放民主的国家形象，促进其对外交流。

其次，"Matai"是萨摩亚长期以来解决基层各家族内外事务的坚实力量，在宪法规定的新的体制内，又被赋予了诸多国家层面与行业中的权利与义

务。例如,议会议员98%由"Matai"们担任,从而保障了行政命令的顺利实施。这些原本仅仅需要考虑单个家族利益的"Matai",不得不面对更多、更大的政府系统事务,尤其是国际外交事务。在应对和处理这些他们之前未曾面对过的局势之时,"Matai"们的传统思维和管理方法正不断受到检验和挑战。

再次,关于宗教,"政教合一"带来的"十字军东征"等黑暗史实告诉我们:宗教信仰不应与政府权力耦合在一起,而应保持独立。当宗教团体在民间的影响力不断扩大时,宗教领袖应保持头脑清醒,避免与政府权力产生过多瓜葛。然而,国家宪法和"Matai"的认可与支持,却是宗教在萨摩亚传播的重要支撑。萨摩亚1960年颁布的宪法开篇明言:"萨摩亚是一个以基督教义和传统习俗为基石的独立国家。"①宪法第十一条明确规定公民有宗教信仰自由的权利,这一权利受到最高法院的保护。此外,在宗教与"Matai"制度的多次冲突中,宪法也扮演了斡旋者的角色,既保障了以基督教为主流的宗教活动在萨摩亚的顺利开展,又兼顾了"Matai"管理下的基层社会的稳定。例如,1980年Tariu Tuivaiti诉Sila Faamalaga案中,一位萨摩亚村民由于拒绝加入当地教会而被首领逐出村落。萨摩亚最高法院基于宪法第十一条支持了村民的申诉,要求"Matai"重新接纳他。又如,萨摩亚某位"Matai"曾规定村中教会必须限定在传统的三种类型(即基督教会、卫理公会与天主教会)之内,而最高法院判定其既不符合"习惯法",也违反了宪法中关于公民宗教信仰自由的规定,要求其撤回该规定。这些案例体现了萨摩亚司法机关在协调宗教与习惯法冲突、解决信徒与"Matai"矛盾、保护公民个体权利方面付出的努力。

当然,不可忽略的是,萨摩亚宪法对宗教及其信徒的保护不是无条件、无限制的。萨摩亚在宪法中明确规定:"公民宗教信仰自由的权利必须符合社区利益——通常表现为公共安全、防卫、秩序、健康、福利或道德。"②尽管由于历史和现实的原因,在萨摩亚土著聚居较多的村落里,宪法至今难以得到彻底实施,不少村民因信仰所受到的欺压也难以诉诸法律,但近年来随着萨

---

① "The Constitution of the Independent State of Western Samoa",1960.
② "The Constitution of the Independent State of Western Samoa",1960.

摩亚人民在对外开放中接受的新思想越来越多,"有法不依"的现象日益减少。

四、结　语

作为萨摩亚群岛上历史最悠久的管理体制,"Matai"体制曾集中代表了萨摩亚在法律、文化、经济和宗教等方面的发展需求,在社会发展进程中起了重要作用。19世纪30年代开始,在"Matai"首肯下西方宗教的传播促进了教会的大量出现,使民众生活与教会活动息息相关,造就了一批有较大影响力的教会首领。1962年生效的萨摩亚宪法确定了国家的议会民主政体。今日,在萨摩亚这片古老的土地上,波利尼西亚传统文化气息依然浓厚,社会结构仍以"部落制"为主,土地分配权主要还是掌握在"Matai"手中。随着全球化进程推进,各国开放程度不断提高,萨摩亚的社会体制也在传统习俗和现代民主政体共融的基础上有所发展:占议员席位98%的"Matai"成分分布,保障了议会民主管理体制的顺利运行,避免了对传统文化的过度冲击;民主执政党的出现及发展成熟,则推动萨摩亚社会继续朝着现代化方向发展。在这个过程中,符合当前国际和萨摩亚国内管理原则的传统"Matai"管理方法,不断被写入宪法及其他相应法律、法规中,而那些与历史潮流和当前国情相悖的规则,在国家利益面前,只能逐步地、慢慢地被掌握权力的新时代"Matai"们舍弃。经过几代人的更新,"Matai"体制有望"自然而然"地被他们自己纳入现代管理体制中,"Matai"能够真正做到"有法可依、有法必依",而不是仅仅依靠"传统公约"。人类历史证明,若急于求成而激烈排斥传统,往往不利于国家与社会的平稳有序过渡。从这一点来看,人类学与社会学的研究,对于全球社会体制的发展,起着重要作用。

综 述

改革开放40年澳大利亚文学在中国中小学生中的译介与传播

朱乐琴[①]

引 言

澳大利亚文学在中国的译介和研究经历了一个"从无到有、从单一到丰富、从表层到深入的发展过程"[②],从1906年第一篇澳大利亚文学作品被译入中国以来[③],国内翻译出版的澳大利亚文学作品逐渐从少到多,尤其是在中华人民共和国与澳大利亚建交之后、中国改革开放40年以来,随着澳研学者的逐年增加,各高校澳研中心的相继成立,政府与非政府组织的国际、国内会议的定期开展与交流,澳大利亚文学作品译介入中国的数量显著增加,呈现出一片欣欣向荣的景象,取得"来之不易的成功"[④]。澳大利亚文学作为英语文学的一个分支,在中国专业读者和研究者中越来越受到重视。那么在普通读者中,其传播与接受情况如何呢?

作为普通读者的一部分,中国中小学生约占中国14亿人口的七分之一,

---

① 朱乐琴,合肥学院副教授,研究方向为英美文学和澳大利亚文学。
② 陈弘:《20世纪我国的澳大利亚文学研究述评》,载《华东师范大学学报(社会科学版)》,2016年第6期,第134页。
③ Ouyang Yu, "A Century of Oz Lit in China: A Critical overview (1906—2008)", *Anitipodes*, 25, Jun. 2011, p. 65.
④ Guanglin Wang, "A Hard-won Success: Australian Studies in China", *Anitipodes*, 25, Jun. 2011, p. 51.

综　述

在整个人口中阅读量最高,比全民平均阅读量高一倍(2020年第十六次全国全民阅读调查),是中国重要的读者群体之一。改革开放以来,澳大利亚文学译介研究从起步(1979—1988)①走向欣欣向荣。本文通过统计和分析中国中小学生的语文教材和课外阅读材料中外国选文数据,来探究中国改革开放40多年以来澳大利亚文学在中国少年儿童读者中的传播与接受情况。

一、澳大利亚文学与中国中小学语文教材中的外国选文

本文所说的"外国作品"是指外国作者所写的被翻译成汉语的作品,是相对于中国作者所写的作品而言的,包括各种文学题材和主题。"语文教材"含义广泛,有泛指、特指和专指之分②。本文讨论的"语文教材"专指学校学生和老师所使用的语文教科书。语文教材是中国学生认知世界的一扇窗口,语文学科是学生学好其他学科的基础。1929年,中华民国教育部颁布了《中小学课程暂行标准》,明确规定语文教材要"酌量选读外国译文中之精品"。自此,中国的语文教材开始选入部分外国文学经典。

在1949年至1985年,全国实行一个教学大纲、一套教材的政策,即"一纲一本",人民教育出版社为国家指定的唯一的教材编订、出版机构。1985年国家颁布《中共中央关于教育体制改革的决定》,此后全国实行同一教学大纲、多版教材并行的政策,即"一纲多本",不同地区或高校可以出版教材供中小学教学使用,如江苏教育出版社版(苏教版)、语文出版社版(语文版)、上海教育出版社版(沪教版)、部编版等。通过对最权威的人教版语文教材和其他版本语文教材中的外国选文情况进行梳理,可以窥见中国改革开放40年来中小学生语文教材选材变化和澳大利亚文学在中小学生群体中的译介与传播状况。

---

① 彭青龙:《学术史视阈下澳大利亚文学翻译述评(1949—1978)》,载《中国翻译》,2014年第6期,第24页。
② 顾黄初、顾振彪:《语文课程与语文教材》,北京:社会科学文献出版社,2001年,第43~44页。

(一)小学语文教材中外国选文情况

改革开放以来,大量外国文学作品被译成汉语,进入中国读者的视野。作为外国儿童文学传播的重要载体之一,中小学语文教材发挥了重要作用。以1982年人教版与21世纪最新一版的人教版小学语文教材中的外国选文为研究对象,对比分析发现,最新一版教材中外国文学作品数量大幅增加,选文国别更加广泛,但是没有一篇来自澳大利亚的译作。

1982年版语文教材五个年级一共10册,作品总计310篇,外国文学作品23篇,约占7%。2016年版语文教材六个年级一共十二册,作品总计313篇,外国文学作品56篇,约占18%。

两版小学语文教材中,外国选文洲际分布饼状图表示如下:

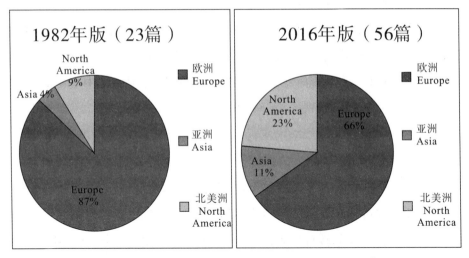

1982年版、2016年版,小学语文教材中外国选文洲际分布

与改革开放初期相比,现代版小学语文教材中外国选文更多,是前者(23篇)的两倍多(56篇),涉及的国家范围也更广,前者涉及11个国家,选文数量排前三的是苏俄(7篇)、法国(3篇)和古希腊(3篇),以欧洲文学为主。后者涉及14个国家,仍然以欧洲文学为主,但是所占比例略微下降(从87%降至66%)。排前三的是苏俄(14篇)、美国(13篇)和意大利(6篇),北美洲(从9%升至23%)与亚洲作品(从4%升至11%)比例增加。没有出现澳大利亚文学作品。

（二）初中语文教材中的外国选文情况

根据1980年教育部重新修订的第三套大纲《全日制中学语文教学大纲》（试行草案），1983年人教版初中语文教材反映了改革开放新时期的思想变化与要求，三个年级上下册一共六本，总篇数169篇，外国文学作品为39篇，平均每本选入外国文学作品5篇或6篇，约占23%，选文以欧美文学作品为主，没有1篇来自澳大利亚的作品。

"党的十八大以来，习近平总书记多次就教材问题作出重要指示和批示。……2011年，教育部在全国范围内组织三科教材的编写申报，通过评审、推荐、遴选，报中央批准，组建了三科教材的编写团队。……前后参加编写组的有60多人……还送给100名基层的特级教师提意见……终于在2016年6月底的中央宣传思想工作小组会上得以通过，并被批准投入使用"①。

目前，被语文界公认具有鲜明特色、深刻意义和推广价值的初中语文教材有四个版本：一是人民教育出版社编写的七至九年级语文教材；二是语文出版社编写的七至九年级语文教材；三是江苏教育出版社编写的七至九年级教材；四是2016年投入使用的部编版语文教材。以这个四个版本教材为例，初中语文教材中外国选文洲际分布饼状图表示如下：

---

① 温儒敏：《"部编本"语文教材的编写理念、特色与使用建议》，载《课程·教材·教法》，2016年第11期，第4页。

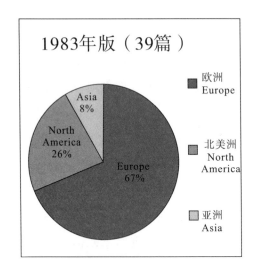

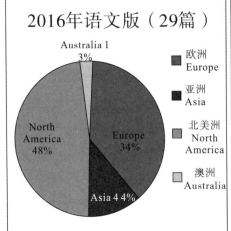
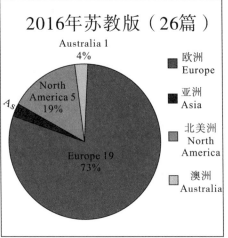

1983年版、2016年语文版、2016年苏教版，初中语文教材中外国选文洲际分布

2016年部编版与1983年人教版初中语文教材外国选文中没有澳大利亚文学作品，不过从上图中可以看出一个新的变化：虽然外国选文还是以欧美文学为主，如2016年语文版教材中的29篇作品来自11个国家。其中，欧洲10篇、美国14篇、亚洲4篇，苏教版教材中的26篇作品来自9个国家，欧洲19篇、美洲5篇、亚洲1篇，但是这两个版本的教材中都包含1篇澳大利亚文学作品。这说明选文范围变广，从侧面体现了对澳大利亚文学的重视。

2016年语文版教材选入的澳大利亚文学作品是凯瑟琳·奥尼尔的短篇小说《奥伊达的理想》，小说描述了澳大利亚一个叫奥伊达的小男孩在追求理想的成长过程中的几件趣事,尤其是男孩上小学时父母经常带他参观游览澳大利亚主要风景胜地的情形。像白帆又像贝壳或者切开的橘子瓣的悉尼歌剧院、可以晒日光浴的黄金海岸、可以游泳的大堡礁、蓝山、艾尔斯岩石边从未见过的植物等,充满着澳大利亚地域与文化特色。初中生不仅被关于澳大利亚景观所吸引,也对奥伊达的聪慧、独立和冒险精神充满了敬佩。

2016年苏教版八年级下册语文教材选取的澳大利亚文学作品是泰格特的《窗》,译者刘根龙。译文出自《外国小说选刊》(1987年7月)。全文仅1200余字,短小精悍,没有典型的澳大利亚风情特征,却以欧·亨利式的笔法让读者看到在善恶两个灵魂的猛烈撞击中折射出人生哲理,世态人情。文题为"窗",线索为"窗",文眼同样是"窗",一扇窗户照出了两个灵魂,表现出两种截然相反的处世态度,揭示了人性的美与丑,寓意深刻,不愧为一篇名作,反映了澳大利亚作家高超的写作艺术。该作品被译成中文后,很快被选入中学课本。但是初中生在欣赏这部短篇小说精湛的写作技巧时,除了了解到作者的国别等信息之外,无从知晓澳大利亚其他方面的特征。

据语文出版社和江苏教育出版社负责初中语文教材出版的工作人员核实,2016年版教材发行量大约有200万册,覆盖辽宁、湖北、湖南、福建、广东、四川、云南、江苏等地区,影响范围较广。

(三)高中语文教材中的外国选文情况

1980年版至2002年版高中语文教材均为6册,选文数量相对稳定且较为接近,平均为180篇,每版每册平均选文篇数在30篇上下。而新课标版必修教材为5册,每册平均选文篇数为16篇,仅为1980年版至2002年版教材每册平均选文数量的一半。新课标版教材在选文总量、每册平均选文数量上下降趋势明显,但是新课标版教材在5册必修教材基础上,另包含了15册选修教材,共有287篇选文,选文总量实际是七版教材中最多的。新课标版必修教材的说明中提及,学生要在一个半学年内完成必修教材的学习任务,其余时间自由选择选修教材学习。若新课标下的教学安排能够良好落实,那么学生平均每学期将学习26篇选文,与之前教材每册平均选文量相近。外国选文数量及所占比例变化:1980年版教材有外国选文13篇,占总篇数的6.8%;1986年版教材有外国选文12篇,占总篇数的5.8%;1990年版教材有外国选文 11 篇,占总篇数的 7%;2000 年版教材有外国选文 25 篇,占总篇数的 15%;2002 年版教材有外国选文 27 篇,占总篇数的 15.1%;新课标版教材有外国选文 14 篇,占总篇数的 17.7%。另外,新课标版教材包含 15 册选修教材,共有 287 篇选文,其中外国选文有 80 篇。虽然语文教材整体上选文数量没有明显的增长趋势,但是外国选文数量整体呈增长态势①。

1980 年版、1986 年版、1990 年版、2000 年版、2002 年版、
新课标版高中语文教材中课文总篇数、外国文学篇数及其所占比例(%)

版本	1980年版	1986年版	1990年版	2000年版	2002年版	新课标版
课文总篇数	191	207	158	167	179	79
外国文学篇数	13	12	11	25	27	14
所占比例	6.8%	5.8%	7%	15%	15.1%	17.7%

以 1983 年版和 2003 年版教材为例,高中语文教材中外国选文的国别分布饼状图表示如下:

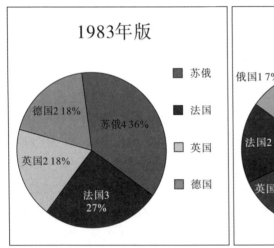
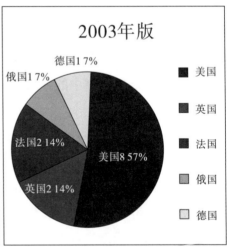

1983 年版和 2003 年版,高中语文教材中外国选文的国别分布

由上图可以看出,改革开放近 40 年来高中语文教材中外国选文一直是

---

① 班斓:《1978 年以来人教版高中语文教材外国选文变化研究》,天津:南开大学硕士学位论文,2017 年,第 13 页。

以欧美文学为主,2003年以来使用的新课标版教材中选入的美国选文急剧增加,占比超过一半,但是没有出现1篇澳大利亚的文学作品。由此可见,高中语文教材中,外国选文范围较窄。在苏教版必修四教材中,外国选文部分出现了《辛德勒的名单》的电影剧本,练习中涉及语言特点归纳、句子理解、电影剧本与小说和戏剧的体裁比较等。

二、澳大利文学与少年儿童文学期刊中的外国选文

作为传播媒介之一,中小学语文教材是全国通用的,影响广泛。期刊是另一重要传播媒介,正如华裔澳大利亚作家欧阳昱综述中国文学在澳大利亚文学杂志中的译介情况时所言,"文学进入一个国家有很多途径,其中之一就是通过文学杂志"[①],《儿童文学》《故事会》历史悠久,受众面广泛,是两种典型的少年儿童文学期刊。

(一)《儿童文学》的中外国选文情况

《儿童文学》(Literature for Children)月刊由中国作家协会和团中央于1963年联合创办,创刊58年,哺育数代人,让数百万少年读者为之痴迷,受益良多,被誉为"中国儿童文学第一刊"。目前,《儿童文学》为周刊,月发行量110多万份。名家云集,精品荟萃,使其成为名副其实的国家级刊物,是外国儿童文学在中国译介的重要媒介之一。以下以1981—1984年、2016—2018年两个时段相应的《儿童文学》版本为例,从数量、地域方面对比分析我国改革开放初期和新时期《儿童文学》中的外国选文特点与澳大利亚文学对中国少年儿童的译介与传播状况。我们选取1981年、1982年、1984年三年的双月刊,2016年、2017年和2018年三年的三个月份(2月、6月、8月)选文总量相当周刊作为研究对象。其中,1981年、1982年、1984年共18期457篇文章,外国文学作品的数量为40篇,平均每期2.2篇,占总量的8.75%。2016年、2017年、2018年选定的三个月份(半月刊)的413篇文章中有58篇外国文学作品,平均每期6.4篇,占总量的14.04%。

---

① 欧阳昱:《澳大利亚文学杂志中的中国文学》,载《华文文学》,2011年第3期,第37页。

《儿童文学》中的外国选文洲际分布

洲际	1981—1984 年	2016—2018 年
外国选文总量	40 篇	58 篇
欧洲	19 (47.5%)	20 (34.48%)
亚洲	11 (27.5%)	10 (17.24%)
北美洲	7 (17.5%)	18 (31.03%)
南美洲	2 (5%)	3 (5.17%)
非洲	1 (2.5%)	1 (1.72%)
大洋洲	0	1 (1.72%)
未知	0	4 (6.90%)

通过上表信息可以看出,改革开放40年来《儿童文学》中的外国选文比例增大(从8.75%升至14.04%)。从国别上看,与同时期的中小学语文教材相比,80年代初期,《儿童文学》中的外国选文虽然仍以欧(47.5%)、美(22.5%)为主,但是范围更广,还包括来自亚洲(27.5%)、南美洲(5%)和非洲的译作(2.5%)。整体而言,亚洲的译作首先主要是来自日本的名作家如川端康成和村上春树的作品,语文教材上与之类似的有如星新一、志贺直哉等的作品。其次来自印度,主要体裁是神话与传说,泰戈尔的诗歌很有名气。来自南美洲的译作主要有号称"南美短篇小说之父"的乌拉圭的奥拉西奥·基罗加的3篇文章和乌拉圭另一位女诗人的1篇作品,还有《百年孤独》的作者马尔库斯的1篇作品。新时期的《儿童文学》中外国选文比例有所变化,欧洲选文显著减少,美洲选文显著增加,还新添了澳大利亚的1篇作品,刊登在2018年2月份的《异域文学》专栏中,译文为《我的朋友西蒙》(下),作者迈克尔·K.特洛特,再往前追溯,同年1月份刊登了《我的朋友西蒙》(上),由谢佳、谢晓青翻译。

《我的朋友西蒙》(上、下集)讲述了人与自然和谐相处的故事,和初中课本中的《窗》一样,读者除了知晓作者的国别之外,无从了解澳大利亚典型的地域与文化特征。据《儿童文学》编辑处的数据显示,《儿童文学》现在的月发行量约110万份,全国发行。

(二)《故事会》中的外国选文情况

《故事会》(*The Stories*)创刊于1963年,双月刊,曾用名《革命故事会》,

由上海世纪出版集团主管、上海故事会文化传媒有限公司主办,2004年改为半月刊。该刊多次被评为"读者最喜爱的全国十大杂志"之一(1994、2002),并多次获评国家期刊奖(2003、2005)。1999年,《故事会》在全世界发行量最大的综合文化类期刊中名列第五。《故事会》以刊载反映中国当代社会生活的故事为主,兼采各类流传的民间故事和经典的外国故事。其特色栏目《外国故事鉴赏》部分译介经典的外国故事,雅俗共赏。在安徽省图书馆查阅20世纪80年代改革开放初期和近几年的期刊选文情况,得到如下数据。

《故事会》中的外国选文洲际分布表

洲际	1981—1984年	2015—2018年
外国选文总量	84篇	95篇
欧洲	13(15.5%)	19(20%)
亚洲	13(15.5%)	41(43.2%)
北美洲	0	34(35.8%)
大洋洲	0	1(1.1%)
南美洲	0	0
非洲	1(1.2%)	0
不确定	27(32.1%)	0

自《故事会》刊发以来,每期平均刊发2~3篇外国选文,从双月刊到月刊,再到20世纪初的半月刊,改革开放初期的外国选文比例略高,随着社会发展和期刊的改版,外国选文的绝对数量增加。从地域范围上看,不同时期都是以欧、亚的作品为主,但是近几年的选文范围更广泛,以亚洲为主,有41篇(43%),其次是北美,有34篇(35.8%),排在第三的是来自欧洲的作品,有19篇(20%),选自美国的作品数量明显增加。另外一个突出的特点是,近几年外国选文中有1篇来自澳大利亚的儿童故事,是保罗·简宁士(Paul Jennings)《狐狸皮围巾》(2015年第6期)。保罗·简宁士擅长创作短篇故事,题材有趣独特,故事中常有欧·亨利式的令人意想不到的结局。《狐狸皮围巾》是写关于人与自然和谐相处的故事:一张狐狸皮在孩子的爱心呵护下逐渐还原成一只漂亮动人的狐狸。除了明确标注作者的国别之外,故事中并没有典型的澳大利亚元素。与编辑核实得知,《故事会》现在的月发行量为70万册左右,全国发行。

三、澳大利亚文学译介与传播和中国中小学生语文教材与阅读材料中外国选文现状分析

通过以上对中国改革开放初期和近几年中国中小学生的语文教材与课外阅读材料中外国选文的不完全统计,得出以下结论。第一,总体上,中小学生语文教材和课外阅读材料中的外国选文数量有所增加。小学语文教材中的外国选文1983年人教版23篇,占比7%;2016年人教版56篇,占比18%。初中语文教材1983年人教版39篇,占比23%;2016年部编版41篇,约占20%;语文版与苏教版的外国选文分别为29篇与26篇,约占15%,所占比重略有下降,但是覆盖范围变广,各选入了1篇澳大利亚作品。高中语文教材中的外国选文数量从1980年的13篇(6.8%)增至2002年的27篇(15.1%),比重明显增加。课外阅读材料《儿童文学》与《故事会》中的外国选文比例从改革开放初期的约9%增长到现在的约14%。第二,中小学语文教材和课外阅读材料中的外国选文范围越来越广泛。小学语文教材的外国选文1983年版涉及11个国家,2016年人教版涉及14个国家,都以欧洲作品为主,新时期的教材中亚洲与美国的作品比例增大,没有出现澳大利亚的作品。初中语文教材的外国选文1983年人教版涉及12个国家,主要以欧洲为主,2016年苏教版与语文版的外国选文涉及国家数量接近,以欧、美文学作品为主,但是范围更广,最突出的一点是纳入澳大利亚文学作品。高中语文教材中的外国选文涉及国家总体数量变多,过去基本以欧洲文学作品为主,近几年添加了亚洲其他国家的作品,如日本的译作,但是没有选入澳大利亚的译作。《儿童文学》作为课外阅读材料,选文范围更广,过去偏重欧洲文学作品,新时期选文遍及全世界各大洲,包括南美洲和澳大利亚的文学作品,虽然数量有限,但是体现了外国选文的多样化趋势和对澳大利亚文学译介的关注与重视。

形成以上中小学语文教材和课外阅读材料中外国选文现状的原因有以下几点。

首先,80年代初中国实行改革开放后,逐渐卷入全球化浪潮,与世界多

元化交流不断增多,语文教材和课外阅读材料中增添外国选文,有利于打开走向世界的窗口,帮助学生培养多元化的思维方式,拓宽视野。文学是各个民族国家思想文化的结晶,是全球话语的载体。发展先进文化,需要尊重世界文化的多样性,以积极开放的姿态正视世界文化,从世界各民族的文化中汲取养分,学习外国文学是时代发展的必然要求。

其次,改革开放40年来中小学语文教材和阅读材料中的外国选文数量、国别与主题一直在变化与调适之中。这些变化与调适不仅从侧面呈现国家在多元化时代背景下的社会变迁,也反映了国家处理民族话语与全球话语的态度与方式。改革开放以来,虽然国家对社会整体意识形态的控制有所减弱,文学、社会、文化思想呈现多元发展态势,但是世界格局中资本主义阵营与社会主义阵营仍在对峙,再加上东欧剧变、国内政治不稳定等多方面的原因,国家对政治思想依旧保持警惕与敏感。而语文教材人为有效的政治思想教育之一,其教材变革与社会文化的发展相比呈现明显的滞后性,始终充斥着灌输式的政治话语。后期苏俄选文与美国选文呈现此消彼长之势。21世纪初的语文教材中增加了更具有现代性、人文性的外国文学作品,合理选入一些现代派作家的作品,出现当代日本作家的译作、南美和澳大利亚作家的译作,当然欧洲文学译作一直占主导地位,其中一个根本原因是欧洲悠久的历史与文化孕育了欧洲丰富的文学经典。随着世界多元化发展,让学生接触多元化的文学经典是大势所趋。

再次,国际政治关系的变化也是重要因素之一。虽然澳大利亚文学作品在中国中小学语文教材和阅读材料中出现的数量不多,但是在一定程度上反映了澳大利亚文学的译介与传播在中国的进展与趋势。从1972年中国与澳大利亚建立外交关系以来,中澳两国政府将发展友好合作关系重点落在互利的经济贸易上和有助于增进了解的文化、科技交流上[①]。中国愿意通过改革与开放参与国际事务合作,并把参与国际事务合作当作一个全面学习的过程;澳大利亚则力图通过在东西方交往中凸显自身的特殊优势,使本国成为沟通亚洲各国和西方国家之间的桥梁。中澳两国的自我定位相互切合,为两

---

① 侯敏跃:《中国现代化进程与中澳关系》,上海:上海译文出版社,2005年,第2页。

国友好合作关系的可持续发展奠定了扎实的基础。两国之间近50年的交往与发展极大地推动了澳大利亚文学在中国的译介与传播,有大批的澳大利亚文学作品被译介入中国文学场域。虽然最初以专业读者与研究者为主要读者,但如今中国的普通读者正逐渐接触澳大利亚的文学与文化,澳大利亚文学作品进入中国中小学生的语文教材和课外阅读材料就是很好的例证。

通过对中国中小学生语文教材和课外阅读材料中外国选文数量的不完全统计,我们欣喜地看到澳大利亚文学正逐步进入中国最大的阅读群体——中小学生的阅读视野。但我们也发现,澳大利亚这样的一个异域文化特色显著、文学作品丰富的国家,其经典译介给中国普通读者的数量有限。从真正实现文学多元化,给中国青少年提供更广阔的文化视野来看,澳大利亚文学在中国的译介与传播仍然任重而道远。

书　评

线圆之间，距离多远？
——再读弗拉纳根的《古尔德鱼书》

李若姗[①]

自 1994 年出版首部作品以来，澳大利亚作家理查德·弗拉纳根 (Richard Flanagan) 已发表七部小说，另有历史研究著作、散文集、演讲集五部，其作品多以波澜壮阔的宏大叙事、精细入微的分析刻画、典雅考究的语言风格，获得了读者与学界的共同认可。其中，取材自"二战"历史的小说《深入北方的小路》(The Narrow Road to the Deep North) 荣获国际重量级"布克文学奖"(Man Booker Prize)，被评委会誉为"获奖史上的杰作"[②]。此外，采写自殖民地真实历史的《古尔德鱼书》(Gould's Book of Fish) 出版当年不仅勇夺英联邦文学奖，更被《纽约时报》和《华盛顿邮报》誉为年度佳作。此类文学殊荣进一步奠定了弗拉纳根作为"当代澳大利亚最好的小说家"的地位。值《古尔德鱼书》首版 20 年之际，笔者重读此书，首先回顾弗拉纳根身兼史学家与文学家的特殊经历，随后以《古尔德鱼书》为例，分析这本书独具特色的涡旋叙事手法，在此基础上对《古尔德鱼书》调和真实历史与虚构情节的关系，从而实现虚实之间既微妙又复杂的意义建构的方式进行重新解读。

作为土生土长的塔斯马尼亚作家，弗拉纳根在家乡度过了人生前 23 年的时光，后受"罗德奖学金"资助，前往牛津大学伍斯特学院修习历史并取得

[①] 李若姗，清华大学外文系博士研究生，研究方向为比较文学和跨文化研究、澳大利亚文学、英语文体学。本课题受国家社科基金重大项目"多元文化视野下的大洋洲文学研究"（项目编号：16ZDA200）资助。

[②] A. C. Grayling, as Chair of Judges, Man Booker Prize 2014 (July 2014). https://www.penguinrandomhouse.com/books/237108/the－narrow－road－to－the－deep－north－by－richard－flanagan/

硕士学位。弗拉纳根的硕士论文题为《教区喂大的无耻之徒:1884—1939 年英国失业者政治史》("Parish-Fed Bastards": A History of the Politics of the Unemployed in Britain, 1884—1939),在书中,他以翔实的数据和史实,驳斥了失业者在政治上处于被动地位的论点,认为若能鼓励社会底层群体积极发挥作用,他们也能展现较强的政治影响力。出版几部史学著作后,弗拉纳根开始投身于文学创作。虽说他的七部小说题材不一、风格各异,但他对历史的反思和关切却始终贯穿其中。无论是自传式小说《河流向导之死》(Death of a River Guide)还是《单手掌声》(The Sound of One Hand Clapping),抑或是关乎澳大利亚殖民历史的《古尔德鱼书》和《深入北方的小路》,弗拉纳根都以真实历史为背景展开叙事,将宏大叙事与个体叙事有机融为一体。具体来说,宏大叙事更加关注整体的、全局的、结构性的大历史,与民族和国家的集体记忆密切相关;而个体叙事则侧重个人的、片段的、零散的小历史,与个人和家族的文化记忆直接相连。大历史重在呈现客观事实,小历史则掺杂了更多虚构的、模糊的、主观性的个人想象。弗拉纳根的七部作品虽难以统而述之,但有一个大方向尚可把握:历史事实与虚构想象如同血液与筋脉,在其文学创作中涌动且交织。

《古尔德鱼书》取材于真实的历史事件:19 世纪初,一位流放莎拉岛的囚犯威廉·古尔德画下关于各式海鱼的一系列水彩画,笔触细腻,色彩丰富,鱼类样态栩栩如生,具有很高的艺术水准和历史考鉴价值。其正本如今保存在塔斯马尼亚霍巴特的著名图书馆(Allport Library and Museum of Fine Arts),并成功入选联合国教科文组织《澳大利亚世界记忆名录》(UNESCO Australian Memory of the World Register)。作为文学文本,《古尔德鱼书》初读甚为古怪,因其每一章节都以一种海鱼来命名且各章节之间缺乏明显的连贯发展时序,更因其情节层层嵌套、人物视角混杂、叙事间断跳脱、情节虚实莫辨,最终主人公古尔德更像卡夫卡《变形记》(The Metamorphosis)中的主人公一样,蜕变成了一条鱼。可见,弗拉纳根有意选用后现代创作手法,在叙事结构和母题内容上标新立异,营造一种非常规的"偏离感"。

值得注意的是,与弗拉纳根的前两部作品相比,《古尔德鱼书》采用的叙事技巧是实验性的。弗拉纳根在处理作品中的史实成分时,很少以直线式、时序性、进展式的叙事方式来推动情节。相反,他更倾向于选择以"涡旋"式的圆形结构来构建叙事空间,其特点是打破了原有时间和空间的双重束缚,使历史中的事件能循环复现,使过去具有影响并形塑未来的力量。具体而言,《古尔德鱼书》的叙事时态分为过去和现在。现在时域下,塔斯马尼亚霍巴特市的古董商锡德·哈密特以向美国游客兜售仿造的古董文物为生。某日他偶然在古董店的食品柜里发现一部奇异的手稿,上面绘有数种样态各异的海鱼,配以读来令人胆战心惊的故事。哈密特把手稿与存于博物馆由囚犯威廉·古尔德所绘的鱼书相对照,惊奇地发现二者的配图完全一致。众人皆质疑这部手稿由善于伪造古董的哈密特亲手仿制,哈密特因此愤懑喝酒,却发现那本手稿竟突然变成一摊咸水,消失不见了。自此,哈密特决心将错就错,以囚犯古尔德的口吻重写鱼书。过去时域下的主要事件围绕古尔德的出身及其流放莎拉岛后的种种经历展开,又可分为三个阶段:第一,古尔德早年的身世,以及他是如何辗转学习绘画,后因犯伪造和藐视罪被驱逐到塔斯马尼亚岛的尽头——莎拉岛,关在海边的水牢里,每天在水中长久浸泡随潮起潮落遭受骇人刑罚的。第二,古尔德当下的情形,以及他是如何制造工具、收集原材料来绘制鱼书的。第三,脱离水牢后,古尔德在莎拉岛的流亡生活,以及他是如何受到司令官和狱医的征召,为满足二人的私欲,继续他的绘画生涯的。在此过程中,古尔德不仅洞悉了莎拉岛作为流放地的血腥历史,而且更震惊于蝼蚁般的白人囚徒、土著"野蛮人"在殖民话语体系中被剥夺了声音的绝望境地,决心为这些(包括他自己)沉默者发声,这无言的呼声就凝结在一条条鱼的形象上、一段段血与泪的配文中。而古尔德在叙事的最后,蜕变成了一条鱼,实现了过去与现在的合并,形成了一个新的时域混同体。总而言之,这本书正文中的 12 章叙事,首先从现在时(20 世纪古董商店)的数个时间点,旋转到过去时(19 世纪莎拉岛流亡史)的数个时间点,再转回过去的现在时(19 世纪的古尔德变形成一条鱼并向现今 21 世纪的读者诉说),从而形成了一个宏大的涡旋叙事结构,实现了既往与当今的时空相通,使得古尔德的故事具备了跨越时空的感染力。

最令人惊诧的是,读至篇末,我们可以发现古尔德的叙事有一种自我颠覆的解构潜力。鱼书的最后一页,刊载了塔斯马尼亚档案局记于 1831 年 4

月5日的一段引文,上面写着:"威廉·古尔德,囚犯编号873645,曾有多个化名,包括锡德·哈密特、'军医'、约根森、坎普伊斯·迪斯、波布吉埃、司令官……1831年2月29日逃离莎拉岛时溺亡。"①首先,除去锡德·哈密特,其余化名皆为古尔德同时期的狱友或上司。那么,全篇叙事中那些活灵活现的人物、对白和情节实际上从不存在,一切仅是他的臆想吗?其次,古尔德在流放地创作鱼书时,就早早设想了一个世纪后会有古董商发现他的作品并重述他的故事,所以古董商也即他本人?再次,档案局的这则"官方"记录本身就是虚假且站不住脚的,因为1831年的2月显然不存在29号。可见,弗拉纳根对既成叙事至少进行了三次颠覆,也对历史可信度作了一次彻头彻尾的消解。

弗拉纳根对"涡旋"式叙事结构的偏好,亦可视为他身为塔斯马尼亚本土作家对欧洲中心文化的一种对抗,其中直线和圆圈被置于二元对立的境地,互为文化他者。他在谈及二者的对立关系时说:"我构建循环的圆形结构,正是因为我明白传统意义上的叙事是以欧洲理论为基础的,也就是一条直线。但我总对人们讲的那些回环往复的故事感兴趣。我来自塔斯马尼亚,我们有口头传统,故事总是被讲述然后代代相传……越这么想,我越觉得故事就应该是涡旋式结构的。"②他还提到自己的家人外出旅行时,"高速公路是他们的敌人,这是如此自负又如此愚蠢(一项概念),旅行的目的绝不应是尽快从一点到达另一点。我的父母从不沿直线通行,他们总沿小路迂回漫步,慢悠悠地从这条乡下土路走到那条小道。与高速公路不同,走这些曲径总能有讲不完的故事……"③可见,直线与圆圈的二元对立始终贯穿弗拉纳根的创作历程,除《古尔德鱼书》外,还在其《深入北方的小路》中有明确体现:联盟战俘修建的泰缅铁路,即是贯穿情节的一条直线;而全书中美与高雅的象征——

---

① Richard Flanagan, *Gould's Book of Fish: A Novel in Twelve Fish*, London: Vintage, 2016, p. 458.
② Richard Flanagan, interview with Giles Hugo, undated typescript. Qtd. in Dixon, "The Novels of Richard Flanagan: An Introduction", edited by Robert Dixon, *Richard Flanagan: Critical Essays*, Sydney: Sydney University Press, 2018, p. 4.
③ Ibid., p. 5.

日本俳句与辞世诗——扉页上有一个大大的圆圈。

回到《古尔德鱼书》,塔斯马尼亚的莎拉岛作为19世纪英国的流放地和殖民地,无论是地理位置上还是文化传统上都处于与欧洲主流文化相悖的另一极。那么,塔斯马尼亚的历史,相异于遵循理性和秩序的线性欧洲历史,也是零散的、涡旋式的、拼凑而成的。弗拉纳根也正是通过涡旋叙事的方式,凸显个人写就的看似站不住脚的、思维混乱的、前后矛盾的小历史,消解宏大历史的权威性和可信性。在《古尔德鱼书》中,若说岛上司令官派专人编纂的流放地历史和囚犯们的言行记载是最权威的正史,那么古尔德的莎拉岛纪事则为不足取信的野史。二者形成的冲突——譬如在司令官的英明指挥下,犯人们得到优厚对待并勤恳工作,到了古尔德这里却变为狱卒对囚犯的残酷折磨和虐杀——种种激烈的矛盾构成强烈的反讽,也由此具备了颠覆历史的潜能。

特立独行如此,《古尔德鱼书》在广受追捧的同时,也招致了一些批评。对于如此庞杂的结构、繁复的叙事线索,必须有十足的耐心和毅力方可全然解读,这对于普通读者实非易事。从学界来看,澳大利亚与英美的一些专业书评家称其为"巨大丑陋的畸作"[1],"如此厚重,显然是本年度最难懂也最无耻的一本书"[2]。这些负面评论认为书中情节的推进"曲折而毫无定式"[3],更将弗拉纳根的实验性创作技法称为"后现代文学的职业病"[4]。为了了解普通英美读者对这本书的观感,笔者查阅了全球最大的网上书店亚马逊发布的书评,发现187则评价中就有59则差评,他们给出的原因一般有该书的语言和意象晦涩难懂、代入感差导致难以共情、全书篇幅太长、情节乏味、对作者

---

[1] Jason Steger, "*Book of Fish* lands a premier catch", *The Age* (Melbourne, Australia), 12 Nov. 2002, p. 7.

[2] Ron Charles, "Lowly fish battle Tasmanian devil", *Christian Science Monitor*, 28 Mar. 2002, p. 15.

[3] D. J. Taylor, "Swimming in magic realism", *Spectator* (Vol. 289, Issue 9072), June 22, 2002, p. 52.

[4] Ibid.

的期待很高但读后失望,等等①。或许这些负面评论与弗拉纳根迂回曲折的叙事方式不无关系,但《古尔德鱼书》作为后现代主义实验性作品的文学价值并不能因此被否认。毕竟,就其创新性的叙事架构、高质量的叙事语言、突破性的文本张力和颠覆性的历史反思而言,近年来在整个澳大利亚乃至英语世界的文坛上都是独具一格的。

综上,作为史学家和文学家,弗拉纳根在《古尔德鱼书》中既表达了深沉的历史关切,又注入了颠覆性的"涡旋"式叙事技巧,使得虚实之间真伪莫辨,逐步消解了官方正史的权威性和可信性,展现了作家对澳大利亚殖民历史抱有的怀疑和反思态度。重读《古尔德鱼书》,可知文学的作用和力量尽显于此:它为人们颠覆对历史的认知、重新了解历史事实开辟了一种新的可能性。

---

① Amazon Book Reviews on *Gould's Book of Fish*. (24 Mar. 2021). https://www.amazon.com/-/zh/Goulds－Book－Fish－Richard－Flanagan/product－reviews/0802139590/ref=cm_cr_dp_d_show_all_btm? ie=UTF8&reviewerType=all_reviews.